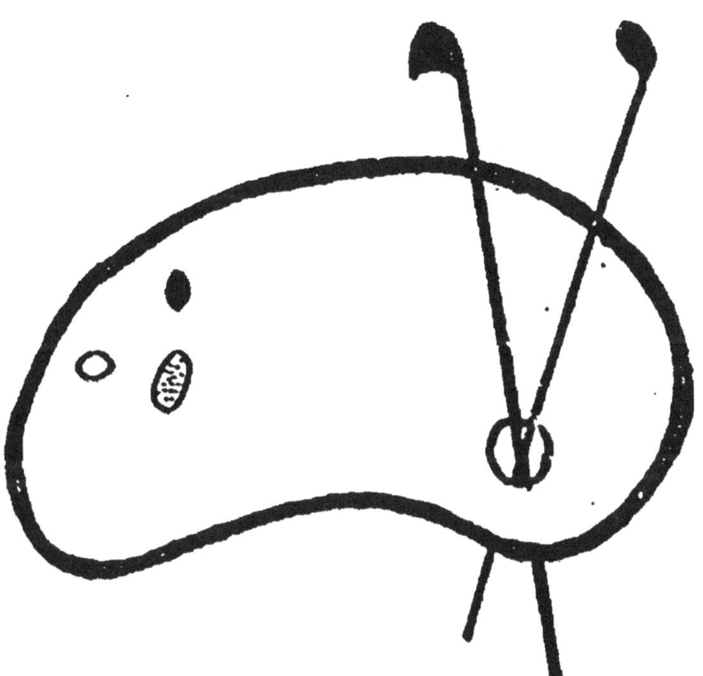

DEBUT D'UNE SERIE DE DOCUMENTS
EN COULEUR

NOTES

sur

L'ARMÉE EGYPTIENNE

par le Kaïd-Reha

MUSTAPHA BEY IBRAHIM DE COURTEN

des Ingénieurs Militaires Marocains

OFFICIER DU NICHAN-IFTIKHAR DE TUNIS

PARIS

IMPRIMERIE-LIBRAIRIE MILITAIRE UNIVERSELLE

L. FOURNIER

264, Boulevard Saint-Germain, 264

—

1913

Publications de l'Imprimerie-Librairie Militaire Universelle

L. FOURNIER

PARIS — 264, Boulevard Saint-Germain — PARIS

Capitaine Méra. **Lord Cromer en Egypte** vol. de 80 pages avec portrait simili.................................. *Prix.* **2** »

A. Durand. **Jeune Turquie-Vieille France.** — In-8 carré, orné de nombreuses illustrations, couv. en coul. *Prix.* **6** »

W. Caudwell. **La Politique générale Européenne en Afrique** vol. in-8° de 188 pages avec carte.... *Prix.* **3** »

Paul Bayle. **Aux Marsouins.** In-12, 154 pages. Édition de grand luxe,.............................. *Prix.* **3 50**

Lieut. Debland, de l'inf. colon. **La conduite des petits détachements en Afrique Equatoriale.** Brochure In-8.. *Prix.* **1** »

Capitaine Marabail. **La Haute Région du Tonkin et l'officier colonial** (cercle de Cao-Bang).... *Prix.* **12 50**

Commandant A. H. **Guerre Russo-Japonaise.** Leçons tactiques. *Le combat de Tkuouan-Ianselin, 31 Juillet 1904.* Vol. in-8 broché, 140 pages avec croquis hors-texte. *Prix.* **2 50**

Général Rennenkampf. **Bataille de Moukden.** — Les vingt jours de combat de mon détachement. De Tsinkbetchen à Matsiadan, ouvrage traduit du russe. Vol. in 8, 250 pages, 5 cartes hors-texte avec portrait simili.......... *Prix.* **6** »

Général E. IiMartinov. **La Guerre Russo-Japonaise.** Souvenirs d'un colonel d'Infanterie. Traduit du Russe par A. H. In-8 carré de 331 pages avec 12 planches hors-texte. *Prix.*... **6** »

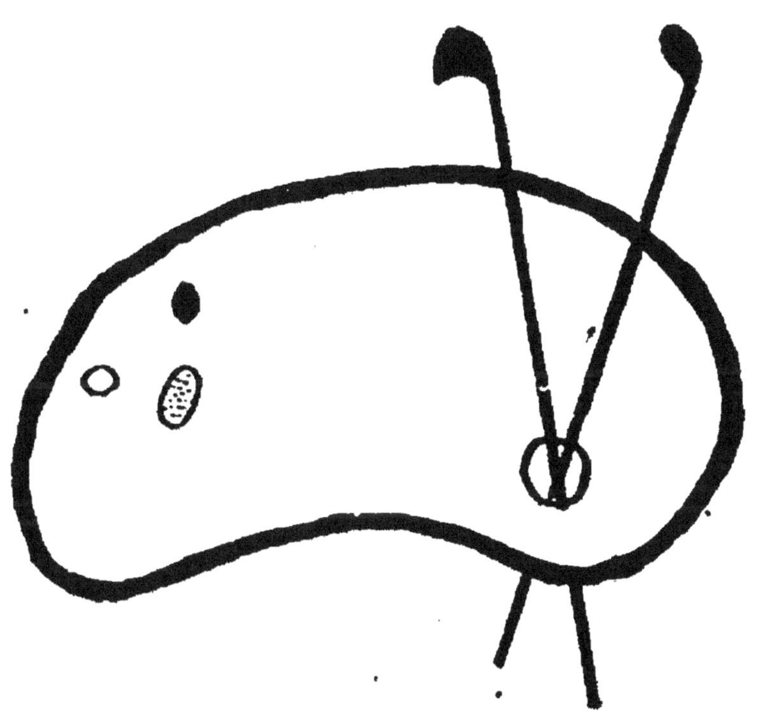

FIN D'UNE SERIE DE DOCUMENTS
EN COULEUR

NOTES

sur

L'Armée Egyptienne

NOTES

sur

L'ARMÉE

EGYPTIENNE

par le Kaïd-Reha

MUSTAPHA BEY IBRAHIM DE COURTEN

des Ingénieurs Militaires Marocains

OFFICIER DU NICHAN-IFTIKHAR DE TUNIS

PARIS

IMPRIMERIE-LIBRAIRIE MILITAIRE UNIVERSELLE

L. FOURNIER

264, Boulevard Saint-Germain. 264

—

1913

PRÉFACE

L'effectif de l'armée égyptienne ne dépasse pas aujourd'hui le chiffre de 18.000 hommes : elle mérite cependant d'être prise en considération, car vu la faiblesse des troupes britanniques en Egypte, c'est sur elle que repose aujourd'hui presque uniquement la défense de ce pays.

Au point de vue militaire d'ailleurs, l'Egypte occupe une situation privilégiée. Protégée à l'Est par un fossé et des étendues désertiques presque impraticables, vers l'Ouest par d'immenses déserts, au Nord par la Méditerranée... et surtout par la flotte britannique, elle n'a guère qu'à assurer la protection de ses frontières méridionales, dans les directions du Soudan, de l'Abyssinie et de l'Erythrée. Il ne semble pas, en effet, que la présence des Italiens en Cyrénaïque constitue pour sa sécurité un nouveau danger.

Mais si l'armée égyptienne est petite par le nombre, elle est grande par la valeur.

En 1825, l'armée de Méhémet-Ali envoyée au secours du sultan Mahmoud épuisé par sa lutte contre les Grecs, triompha à Navarin, à Tripolitza, *à Missolonghi. C'est en s'appuyant sur son armée que Méhémet-Ali put plus tard résister à Mahmoud : Gaza, Jaffa, Saint-Jean-d'Acre, Damas, Konia, Antioche, Nezib sont tous des noms qui rappellent les titres de gloire de l'armée égyptienne.*

Ces qualités militaires de la race égyptienne ne se sont pas perdues depuis cette époque déjà ancienne. Les soldats envoyés d'Egypte en 1877 se signalèrent dans toutes les rencontres. Plus récemment le général Graham adressait des félicitations aux officiers et soldats égyptiens qui avaient combattu à Tokar. Le 17 mars 1885 le général Wolseley félicitait la cavalerie égyptienne du courage déployé par elle à la bataille de Kerbekan. Le 25 mars, le général Freemantell renouvelait ces éloges ; le 11 avril, Wolseley félicitait à nouveau l'armée égyptienne.

Enfin, le 20 janvier 1886, le sirdar anglais remerciait l'armée égyptienne du concours qu'elle avait apporté à l'armée anglaise à la bataille de Genès. A Khor-Moussa, à Tosky, les Egyptiens se sont encore remarquablement conduits.

Gordon lui-même, si prévenu au début, qu'il préférait les Soudanais aux Egyptiens, fut obligé de reconnaître formellement dans son journal la grande valeur des troupes qui soutinrent à ses côtés un siège terrible de plus de trois cents jours !

Fort bien encadrée par un corps d'officiers mi-anglais, mi-égyptiens, l'armée égyptienne mérite de retenir l'attention. Le soldat est instruit, bien équipé et bien armé. Il est robuste, endurant et capable de fournir de grands efforts.

L'objet de ce travail est d'évaluer et de préciser la force et la valeur de l'armée nationale égyptienne.

Notes sur l'Armée Égyptienne

PREMIÈRE PARTIE

Histoire de l'Armée Egyptienne

Lors de l'invasion de l'Asie occidentale par les Mogols, ceux-ci massacrèrent ou réduisirent à l'esclavage toutes les tribus qu'ils rencontrèrent, et purent ainsi approvisionner de marchandise humaine tous les marchés de l'Asie. Ces esclaves étaient forts, jeunes et bien faits, car les autres avaient été passés au fil de l'épée. Les princes de l'Asie et les sultans de l'Egypte en profitèrent pour se créer une milice particulière.

Ce fut l'origine des Mameluks, corps composé de Turkomans qui, jusqu'à notre siècle, constitua la base de l'armée égyptienne.

Ces milices, nombreuses, bien armées, et incapables de se plier à aucune discipline, envahirent bientôt tous les services de l'Etat, et enfin fournirent à leur pays adoptif deux dynasties de souverains.

Plus tard, en l'an 1517, lors de la conquête de l'Egypte par le sultan Sélim Ier, la région devint un pachalik de l'Empire ottoman ; l'armée fut alors réorganisée, mais l'élément mameluk y entra encore pour une large part. Sélim pensait ainsi contrebalancer l'initiative de son pacha et l'empêcher de concevoir des idées d'indépendance.

L'Egypte fut alors partagée en douze arrondissements militaires appelés Sandjaklis, soumis à l'autorité de douze beys nommés par le divan et choisis parmi les Emirs et les Mameluks qui avaient fait leur soumission.

Les six corps militaires (odjaks), formés par ces douze arrondissements, étaient commandés chacun par un agha particulier, lequel avait son khiaha (lieutenant-colonel), son bach-ekhtiar (doyen), son defterdar (chancelier), son khazendar (trésorier), et son kouzuangy (contrôleur-archiviste).

De 921 à 974 de l'hégire, Soleyman Abu Sélim créa un septième corps militaire formé d'anciens Mameluks.

En 1798, l'armée égyptienne (Mameluks et Janissaires) chercha à s'opposer aux progrès de l'armée française, mais elle fut presque entièrement détruite à la bataille des Pyramides et dans les combats qui suivirent.

Après le rétablissement de l'autorité du Sultan, les Mameluks se reconstituèrent, et continuèrent à former un élément de révolte contre le pacha.

Méhémet-Ali (pacha depuis 1806), se décida à les faire tous massacrer. Le 1er mars 1811, les Mameluks, réunis dans la citadelle du Caire à l'occasion d'une fête, tombèrent sous la fusillade de soldats albanais embusqués derrière des murailles. Les absents furent exterminés le même jour dans tout le territoire.

Méhémet-Ali, grand admirateur de Bonaparte, fut le véritable créateur de l'armée égyptienne moderne. En 1815, il publiait le Nizam Djedid, ou nouvelle organisation de l'armée. Celle-ci, composée d'étrangers fanatiques et indisciplinés, répondit à cette tentative par une révolte qui mit en danger la vie de Méhémet-Ali ; son palais du Caire fut assiégé et pillé, il dut se réfugier dans la citadelle et la ville resta deux jours au pouvoir des insurgés, qui ne rentrèrent dans l'ordre que lorsqu'ils eurent obtenu de Méhémet-Ali la promesse de renoncer à son projet. Celui-ci n'était pas homme à reculer devant une difficulté : il comprit qu'il fallait procéder autrement et lentement. Pour détourner l'attention de ses troupes, il entreprit diverses expéditions contre les Wahabites, ainsi que dans la Haute-Egypte et le Senaâr.

Dans le courant de l'année 1823, la nouvelle armée comptait 6 régiments d'infanterie de 3 bataillons, forts chacun de 800 hommes sur le pied de paix ; la cavalerie comptait 9.060 hommes avec 30 pièces attelées. Ces troupes étaient réparties en Arabie, Nubie, Senaâr et Kordofan.

Une grande partie des officiers supérieurs étaient français, italiens et autrichiens.

En 1824, Méhémet-Ali reprit son projet d'organisation militaire ; il avait trouvé, pour le seconder, un officier de hussards français, le colonel Sèves, qui prit le nom de Soliman pacha, et devint major-général de l'armée égyptienne.

Sèves fut envoyé à Assouan, dans la Haute-Egypte, avec quelques centaines de Mameluks du vice-roi et plusieurs personnages de la cour.

Les premiers mois de cette éducation militaire faillirent lui coûter la vie, c'est alors qu'il se fit musulman pour diminuer l'irritation et achever son œuvre. Il parvint avec ses Mameluks à former les cadres de plusieurs régiments et les remplit avec des Arabes égyptiens et des nègres.

Lorsqu'un prince a des soldats en ligne, des régiments organisés, de la cavalerie, de l'artillerie, il faut qu'il ait des écoles pour instruire les officiers de ces différentes armes ; il lui faut des hôpitaux pour soigner les malades ; il lui faut aussi une administration militaire, sans laquelle il ne peut exister d'armée. Méhémet-Ali, pénétré de cette vérité, n'avait rien négligé pour atteindre ce but. Pendant que Sèves était à Assouan, des instructeurs, des médecins, des pharmaciens, des professeurs avaient été appelés d'Europe pour seconder ses vues civilisatrices. Il créa une école d'artillerie à Tourah, une école de cavalerie à Ghyséh et une école d'infanterie à Damiette qui comptait deux cents élèves.

L'hôpital militaire, situé entre les villages de Kanéh et de Abou Zabel, fut élevé sous la direction et d'après les plans de Clot bey, médecin en chef de l'armée.

L'école d'infanterie d'El Khanki, à Damiette, comptait quatre cents élèves, formés en trois compagnies ; on leur enseignait les exercices, l'administration militaire, les langues turque, arabe et persane.

L'école de cavalerie de Ghyséh fut organisée par Varin, ancien aide de camp du maréchal Gouvion-Saint-Cyr. Il y avait deux cents jeunes soldats qui apprenaient les manœuvres de cavalerie et l'exercice à pied.

L'école d'artillerie de Tourah fut fondée par le colonel espagnol don Antonio de Seguera : elle comptait trois cents élèves et vingt-quatre batteries.

L'arsenal était placé sous la direction du général d'artillerie Eddehm bey. La manufacture d'armes comptait neuf cents ouvriers. Il y avait aussi une fabrique de fusils à Hôd el Marsoud, dirigée par un

Génois, Marengo, connu sous le nom de Ali Effendi ; elle comptait environ douze cents ouvriers.

Au cours de cette même année (1824), le Sultan fit appel à Méhémet-Ali pour la guerre de Morée. Celui-ci, au mois de juillet, envoya à son suzerain dix-sept mille hommes, huit cents chevaux, quatre compagnies de sapeurs et une nombreuse artillerie ; son fils, Ibrahim, commandait l'expédition. Sa campagne fut une suite de triomphes, mais l'Europe se coalisa contre l'Egypte et la Turquie ; la sanglante bataille de Navarin coûta à l'Egypte vingt-trois millions de francs et trente mille soldats.

En 1831, Méhémet-Ali lança en Syrie avec une armée de vingt-quatre mille hommes son fils qui, après une série de victoires, allait marcher sur Constantinople, lorsque fut conclu le traité de Unkiar Skéléri, investissant Méhémet-Ali du gouvernement de la Syrie.

En 1833, l'armée égyptienne comptait 20 régiments d'infanterie à 3.000 hommes et 2 régiments de la garde formant un effectif total de 70.000 hommes ; 10 régiments de cavalerie à 700 hommes, soit 7.000 hommes, plus la cavalerie irrégulière forte de 3.435 hommes, et la cavalerie bédouine avec 5.370 cavaliers.

L'artillerie comptait 6.357 hommes avec 48 bouches à feu attelées, et 1 bataillon du train.

Le génie était formé de 2 bataillons de sapeurs d'un effectif total de 3.942 hommes.

Enfin, les écoles militaires comptaient 2.776 élèves et officiers, ce qui représentait un total général d'environ 99.000 hommes.

La marine comptait à la même époque 25.000 soldats et marins.

Au 31 décembre 1837, la composition de l'armée égyptienne était la suivante :

INFANTERIE.

31 régiments de ligne, répartis comme suit : en Syrie, 12 ; en Egypte, 8 ; Senaâr, 2 ; Yémen, 2 ; Candie, 1 ; Meke, 1 ; Hedjaz, 5.

3 régiments de la garde, dont 1 en Egypte et 2 en Syrie ; soit un total de 34 régiments à 4 bataillons, forts chacun de 800 hommes, auxquels il faut ajouter les états-majors de régiments, ci .... 112.000 hommes
deux compagnies de gardes du
corps d'Ibrahim pacha........ 200 —
____
Total .... 112.800 —

CAVALERIE.

3 régiments en Egypte, 10 régiments en Syrie ainsi que deux régiments de la garde ; soit 15 régiments à 860 hommes, ci ...... 12.900 hommes

2 escadrons de la garde d'Ibrahim pacha, ci .... 280 —
____
Total .... 13.180 —

ARTILLERIE.

3 régiments à pied en Syrie, 1 au Caire, 1 bataillon de la garde en Syrie avec 2 régiments à cheval et 12 batteries, 6 batteries dans le Hedjaz, ce qui donne un total de 12.700 hommes.

DIVERS.

1 bataillon de vétérans à Alexandrie, 1 à Saint-Jean-d'Acre, 1 à Dongola, 2 régiments au Caire, et 2 bataillons répartis dans la Haute et la Basse-Égypte, ci ....   10.400 hommes

2 bataillons du train et 1 bataillon de sapeurs à Alexandrie et 2 compagnies de sapeurs à Saint-Jean-d'Acre, ci ....   2.700   —

Bédouins et Albanais répartis dans le Hedjaz, ci ....   6.000   —

Moghrebins répartis dans le Senaâr, ci ....   1.500   —

Total ....   159.300   —

La marine comptait 6 vaisseaux, 6 frégates, 4 corvettes, 8 bricks, avec 11.870 officiers et marins et 1.204 bouches à feu.

Les attributions du Ministre de la Guerre (Ahmed pacha) s'étendaient sur tout le personnel de l'armée ; il nommait aux grades et aux emplois subalternes, et prononçait les destitutions.

Un conseil, composé de plusieurs généraux et colonels, des commandants de l'artillerie et du génie, faisait partie de son administration ; le ministre en était le président.

Le général d'artillerie était chargé de la direction et de la comptabilité des arsenaux, situés à la Citadelle, de la fonderie de canons, des poudres et salpêtres, de l'imprimerie et de la fabrique de draps, car tous ces établissements ressortissaient du Ministère de la Guerre.

En 1841, l'armée égyptienne comptait : 3 régi-

2

ments d'infanterie de la garde, 35 régiments d'infanterie de ligne, 2 régiments de cavalerie de la garde, 13 régiments de cavalerie de ligne et 5 régiments d'artillerie. L'effectif de ces troupes s'élevait à 148.032 hommes ; en outre, il existait des troupes irrégulières, 10.000 cavaliers bédouins et environ 60.000 ouvriers pour les fortifications, routes et canaux.

La Sublime Porte, émue de ce développement croissant de l'armée égyptienne, rendit un firman qui en réduisait l'effectif à 18.000 hommes.

Méhémet-Ali se démit du pouvoir en 1848 ; il avait obtenu l'investiture à vie du pachalik d'Egypte, avec hérédité pour ses descendants. Il fut remplacé successivement par Ibrahim et par Abbas I^r (1849). Ce dernier eut pour successeur Said, en juillet 1859.

Après Méhémet-Ali, l'armée égyptienne perdit peu à peu ses meilleures qualités sous des chefs inhabiles.

Sous Abbas Ier, les soldats étaient généralement mal nourris, mal vêtus, mal payés ; mais c'étaient là, à vrai dire, leurs seuls défauts. Sobres, patients, disciplinés, infatigables, un peu lents, s'ils ne se faisaient remarquer par l'élan de leur bravoure, ils montraient une extrême solidité. Les sous-officiers se distinguaient peu du soldat et paraissaient manquer d'autorité. Les officiers remplissaient un rôle analogue à celui des sous-officiers des régiments européens. leur tenue était pauvre ; les adjudants-majors et les officiers supérieurs auraient pu faire des capitaines en Europe, mais plutôt par leur manière de servir que pour leur instruction. Les colonels semblaient à leur place, ils avaient de beaux traitements. de l'autorité, l'habitude du commndement, une connaissance suffisante de l'administration ; ils étaient fiers de leur position, qu'ils la dussent à la faveur ou à leurs services.

C'était parmi les colonels de l'armée que le gouvernement trouvait non seulement des généraux, mais encore tous les hauts fonctionnaires de l'Etat. Les grades civils et militaires étaient confondus, mais non assimilés, puisque tous les hommes capables sortaient de l'armée et pouvaient y rentrer plus tard.

A peu d'exception près, les officiers et les soldats étaient mariés et pères de familles très nombreuses.

Cette situation présentait moins d'inconvénients qu'on pourrait le croire et le service en souffrait peu. Quand les soldats étaient campés, les camps des femmes s'établissaient à quelque distance ; quand ils étaient baraqués, un village de femmes se construisait aussi bien que le baraquement des hommes ; enfin, dans les villes, les familles occupaient les maisons les plus voisines des casernes.

Jamais, dans le service, la conduite des soldats n'accusait la moindre préoccupation au sujet de leur famille ; le jour du départ, ils se mettaient en route sans regarder derrière eux, et toujours, dans ces cas, on voyait les femmes arriver à destination presque en même temps que les hommes.

Sous Mohamed-Saïd, l'armée, au point de vue de la discipline et de l'instruction militaire, fut bien inférieure à ce qu'elle était sous Méhémet-Ali. Le gouvernement aurait pu, après la guerre d'Orient, former un noyau de troupes passables, en conservant les régiments qu'on avait envoyés au secours du sultan ; mais ce corps fut presque complètement licencié, et ce ne fut pas sans difficultés qu'on parvint à introduire la tactique européenne parmi les recrues égyptiennes. Said pacha fit de grandes dépenses pour l'équipement de son armée, qui pourtant demeura encore très défectueux. Il s'occupa de la pourvoir d'armes perfectionnées ; il commanda, en 1859, vingt-cinq mille fusils à diverses fabriques d'Europe.

Aux termes du firman de 1841, l'armée égyptienne ne devait pas dépasser 18.000 hommes, chiffre suffisant pour protéger efficacement la vallée du Nil, mais le vice-roi avait considérablement augmenté cet effectif, ce qui occasionna de nouvelles récriminations de la part de la Porte.

Dès son avènement au trône (janvier 1863), le vice-roi Ismaïl, qui fut plus tard khédive, c'est-à-dire souverain, par firman du 8 juin 1867, manifesta la volonté bien arrêtée de rentrer dans la voie tracée par Méhémet-Ali. A son avènement, il ne trouva que deux régiments d'infanterie et quelques divisions de cavalerie bédouine. En 1866, il avait déjà reconstitué 12 régiments d'infanterie, ainsi que les cadres de la cavalerie, de l'artillerie et du génie.

En 1870, l'armée égyptienne comptait : 17 régiments d'infanterie, 3 bataillons de chasseurs, 4 régiments de cavalerie, 2 régiments d'artillerie de campagne, 3 régiments d'artillerie de forteresse et 1 bataillon de génie.

Les régiments d'infanterie, desquels les numéros 9 et 10 étaient composés de Soudanais et Nubiens, étaient forts de 3 bataillons à 8 compagnies chacun. Les bataillons de chasseurs se composaient aussi de 8 compagnies.

La compagnie comptait : 4 officiers, 14 sous-officiers, 2 tambours ou clairons, 2 sapeurs et

100 hommes. Ces chiffres étaient ceux de l'effectif normal.

En réalité, l'effectif de la compagnie variait de 6o à 140 hommes.

3 régiments d'infanterie occupaient le Soudan, et des 2 régiments noirs l'un était au Caire et l'autre dans la Haute-Égypte.

Le régiment de cavalerie comptait 4 escadrons, dont 2 étaient armés de lances et montés sur des chevaux légers, et 2 armés de carabines et montés sur de forts chevaux.

L'escadron, sur le pied de paix, comptait 100 hommes, et 150 sur pied de guerre, non compris les officiers et trompettes.

Seuls, les officiers, montaient des chevaux arabes, la troupe recevait des chevaux de Syrie et de la Russie méridionale.

Le régiment d'artillerie de campagne était divisé en 3 divisions comprenant chacune 4 batteries à 6 pièces. Les 1re et 2e divisions étaient montées, la 3e était à pied.

L'armement se composait de pièces lisses, en bronze, de huit centimètres, système français La Hitte ; en 1871, il y avait déjà 4 batteries possédant des pièces rayées de 12 centimètres en acier du modèle prussien.

L'effectif d'un régiment était de 925 hommes. Deux batteries de montagne de 6 pièces se trouvaient dans les arsenaux.

L'artillerie à pied destinée au service des places fortes comptait 3.800 hommes.

La bataillon de génie était composé de 8 compagnies de 150 hommes, et une subdivision de pontonniers de 2 compagnies de la même force. En temps de paix, la plupart de ces hommes étaient occupés aux constructions des places fortes, des chemins de fer et aux carrières de pierres de Tourah.

Il existait en outre 6 compagnies d'ouvriers de chemins de fer et canaux, et 2 bataillons de condamnés qui travaillaient aux carrières de pierres de Tourah et de Souakim.

L'effectif de paix de ces troupes se montait à quarante mille hommes ainsi répartis :

Infanterie et chasseurs	32.000	hommes
Cavalerie	1.700	—
Artillerie de campagne	1.900	—
Artillerie de forteresse	3.800	—
Génie	1.500	—
Ministère de la Guerre, état-major général, états-majors de quatre divisions, brigades ..	500	—
Total	41.400	hommes

De ce total, 7.400 hommes se trouvaient au Soudan.

Sur pied de guerre, cette armée pouvait mettre en ligne soixante-cinq mille hommes avec les cent quarante-quatre pièces de campagne, soit :

Infanterie et chasseurs	51.300
Cavalerie	2.500
Artillerie de campagne	2.600
Artillerie de forteresse	5.000
Génie	2.000
Etats-majors et administration	1.600

Le train n'existait pas sur le pied de paix ; les transports se faisaient par chemins de fer, et les nombreux canaux qui sillonnent le pays. En cas de guerre, l'on utilisait les chameaux conduits par des bédouins qui, dans certaines expéditions, fournirent aussi des troupes auxiliaires.

Les hommes qui avaient servi de 4 à 6 ans dans l'armée active formaient la réserve, forte de 20.000 hommes, répartis dans divers services, tels que douane, gardes-canaux et police. Ces dernières troupes comprenaient 6.000 soldats d'infanterie et 2.000 de cavalerie ; il existait aussi un corps spécial de police pour le Caire et Alexandrie fort de 1.500 gendarmes. De ces troupes de police, 6.000 se trouvaient au Soudan.

L'ensemble de toutes ces troupes donnait un effectif de 104.500 hommes.

Une école pour officiers de toutes armes fut ouverte en 1864 ; elle recevait 150 élèves. Six écoles spéciales militaires furent créées suivant le projet de la commission militaire française ; elles émargeaient au budget pour 34.600 L. E. par an ; ces écoles étaient :

L'école d'état-major pour 25 élèves ; l'école d'artillerie et de génie pour 60 élèves d'artillerie et 30 élèves du génie, avec un programme d'études de 4 ans ; cette école disposait d'une batterie d'instruction de 4 pièces ; l'école d'infanterie pour 200 élèves, avec durée des cours de deux ans ; l'école de cavalerie pour 64 élèves, avec une durée de cours de 2 ans ; l'école d'administration, pour 30 élèves généralement coptes ; l'école vétérinaire, qui fournissait aussi des vétérinaires aux administrations civiles.

Ces écoles étaient organisées sur le modèle des écoles militaires françaises.

Les élèves de l'école d'infanterie formaient un

demi-bataillon de 4 compagnies, et ceux de l'école de cavalerie, avec 70 chevaux, formaient un demi-escadron.

Les institutions techniques comprenaient : une fabrique de poudre, une fonderie de canons, une fabrique de fusils, un atelier d'artillerie, un atelier d'habillement et d'équipement, un arsenal.

Les fortifications se répartissaient ainsi : celles d'Alexandrie avec une forte citadelle, les forts côtiers d'Aboukir et d'Edkou ; le fort côtier Saint-Julien et le fort Bourlous à Rosette ; le fort côtier Lesbe-Saïdié et un certain nombre de petits forts et batteries à Damiette ; le fort côtier de Thineh ; la citadelle du Caire ; le fort Agerut sur la ligne de chemin de fer de Suez. Les batteries de côtes étaient armées d'un grand nombre de grosses pièces rayées.

Un hôpital militaire, servant d'école aux médecins militaires, était installé à Ramleh et comptait quatre cents lits.

En 1873, les écoles militaires étaient les suivantes : l'école d'état-major avec 87 élèves, l'école d'artillerie avec 85 élèves, l'école d'infanterie avec 187 élèves, et l'école de cavalerie avec 64 élèves.

Le budget du Ministère de la Guerre et des Ecoles militaires s'élevait à sept cent mille livres égyptiennes.

Le 6 août 1879, la Sublime Porte rendit un firman permettant à l'Egypte d'entretenir sur le pied de paix une armée de dix-huit mille hommes.

L'armée fut organisée à cette époque de la manière suivante : 6 régiments d'infanterie à 3 bataillons de 8 compagnies, 2 régiments de cavalerie à 6 escadrons, 1 régiment d'artillerie de campagne à 6 batteries de 6 pièces, 3 régiments d'artillerie de forteresse, 1 compagnie de génie, avec un effectif total d'environ 15.000 hommes. La durée du service actif, qui était de 6 ans, fut réduite à 5 ans, et la plupart des soldats étaient mis en congé illimité après avoir servi trois années ; la durée du service dans la réserve, qui était de 5 ans, fut portée à 7 ans.

Sous le khédive Tewfik, la pénurie du Trésor entraîna successivement la réduction des effectifs, la suspension des travaux de fortification et le chômage dans les établissements militaires. L'effectif de l'armée était descendu à neuf mille hommes, lorsque de nouveaux efforts furent faits en 1881 pour sa reconstitution.

Au commencement de 1882, l'armée comprenait :

Huit régiments d'infanterie	12.000 hommes	
Trois régiments de cavalerie ...	1.500	—
Deux régiments d'artillerie de campagne	1.200	—
Trois régiments d'artillerie de côte	2.600	—
Quatre pelotons de torpilleurs ..	300	—
Une compagnie de génie.......	100	—
Total	17.700 hommes	

plus un régiment de noirs.

Arabi pacha, au printemps de 1882, donna à l'armée égyptienne la composition suivante :

59 bataillons d'infanterie, 44.600 hommes ; 12 escadrons de cavalerie, 1.800 hommes, et 142 pièces de campagne ; 11 de ces bataillons formèrent les garnisons du Caire, de Rosette et de Damette. Le

reste des troupes, formées en 4 divisions, constitua l'armée de campagne.

Lorsque, en 1879, le gouvernement licencia une partie considérable de l'armée, 2.000 officiers se trouvèrent brusquement sans position ; ils purent facilement représenter cette mesure comme l'exécution d'un plan systématiquement dirigé contre la puissance militaire du pays. L'armée entière partagea cette manière de voir et, dès ce moment, elle s'ingéra dans les affaires publiques. De cette situation allait bientôt naître cette série de pronunciamentos qui amenèrent graduellement l'Egypte dans l'état où elle se trouve actuellement.

Les échauffourées militaires commencèrent au Caire dès 1879. On y vit la garnison de cette ville venir en armes formuler au khédive ses exigences en matière de réorganisation militaire. On doit remarquer, cependant, que toutes les classes de la population semblaient l'encourager, et que l'armée pouvait, jusqu'à un certain point, croire qu'elle remplissait un mandat national.

Le colonel Arabi paraît en évidence au commencement de 1881 ; les officiers du régiment du Caire avaient adressé au ministère une pétition à l'effet de signaler les abus dans la distribution des grades et de l'avancement. Cette lettre étant restée sans réponse, trois colonels, Arabi bey, Ali bey et Abdulha bey, allèrent en présenter une autre ; mais ils furent fort mal reçus et congédiés par Riaz pacha, président du Conseil des ministres, et il fut ensuite décidé en Conseil que ces trois officiers seraient appelés au ministère, puis saisis et jetés en prison. Mais les colonels furent prévenus, et, avant de se rendre à l'invitation des ministres, ils prévinrent leurs officiers de venir les chercher avec deux cents hommes s'ils n'avaient pas reparu à midi.

A midi un quart, la troupe envahissait le ministère et délivrait Arabi et ses collègues. Le khédive fut obligé de céder devant la force et dé renvoyer son ministre de la guerre.

Au mois de juillet, Arabi adressa au ministère une pétition à l'effet d'obtenir une constitution et la réunion de la Chambre. Sa demande étant restée sans réponse, Arabi patienta jusqu'en septembre ; à cette époque, il amena des canons devant le palais d'Abdine et signifia au khédive d'avoir à débarrasser le pays de Riaz.

Ce pronunciamento porta au pouvoir le ministère Chérif pacha.

Enfin, un autre mouvement du même genre donna naissance, au mois de janvier 1882, au ministère Mahmoud pacha, ou, pour parler plus exactement, au ministère Arabi pacha qui en fut l'âme et le véritable chef. Ce fut l'avènement du parti militaire, et dès lors, les événements se précipitèrent. La situation devint telle que, vers le mois de mai, la France et l'Angleterre envoyèrent leurs flottes dans les eaux égyptiennes.

En juin, le khédive étant prisonnier dans Alexandrie et bon nombre d'Européens ayant été massacrés dans cette ville et les autres grands centres de l'Egypte, l'Angleterre se décida à faire un coup de vigueur, et, après une sommation, demeurée sans résultat, d'avoir à cesser tout préparatif dé guerre à Alexandrie, la flotte de l'amiral Seymour bombarda cette place le 10 juillet 1882 ; puis les Anglais débarquèrent, occupèrent la ville en cendres et délivrèrent le khédive.

Arabi se retira sur le camp de Kafr-Daouar, à

quelques kilomètres de la ville, et prépara ses moyens de résistance.

Alexandrie occupée, les Anglais constituèrent leur corps expéditionnaire, composé dès les débuts, des deux divisions commandées par les généraux Willis (7.000 hommes) et Hamley (9.000 hommes), des renforts successifs venus d'Angleterre portèrent, dans le cours des opérations, l'effectif à 25.000 ou 26.000 hommes. En outre, l'armée des Indes dut fournir un contingent de 10.000 hommes, sous les ordres du général Macpherson. Le corps expéditionnaire anglais fut placé sous le commandement de Wolseley, le vainqueur des Achantis et des Zoulous.

Aux forces anglaises, Arabi n'avait à opposer que 10.000 hommes d'armée régulière ; mais, avant même l'ouverture des hostilités, il avait appelé les réserves, les nouveaux contingents, et s'était assuré le concours des tribus de Bédouins. En peu de temps, il put ainsi disposer de plus de 40.000 hommes. Malheureusement, ces troupes, mal encadrées, peu instruites et fort indisciplinées, n'étaient pas capables d'une grande force de résistance.

Les premiers jours du mois d'août ne furent marqués que par des escarmouches sans importance ; la seule affaire à noter est le combat de Ramleh (5 août), où les Anglais forcèrent les Egyptiens à retirer les troupes qu'ils avaient en avant du camp fortifié de Kafr-Daouar.

Le 2 août, les Anglais ayant occupé Suez, Arabi dirigea la majeure partie de ses troupes vers Zagazig et Ismailia pour s'opposer à la marche des Anglais qui, prenant le canal de Suez pour base d'opération, devait marcher sur le Caire par la direction d'Ismaïlia-Tel-el-Kébir, tandis que la division Hamley restait à Alexandrie pour garder la ville et tenir en échec les forces égyptiennes de Kafr-Daouar.

Arabi, laissant environ 12.000 hommes au camp de Kafr-Daouar, concentra le gros de ses forces, 25.000 hommes, vers Tel-el-Kébir, et fit occuper Salhiéh par 6.000 hommes ; ce détachement devait menacer le flanc de l'armée anglaise en marche sur Tel-el-Kébir.

La seconde quinzaine du mois d'août n'est d'abord marquée que par des reconnaissances ou combats insignifiants, tels que ceux de Néfich ou de Chalouf ; les Egyptiens retirent les troupes avancées qu'ils avaient sur le canal, et le général anglais appelle sur la nouvelle base toutes les forces dont il peut disposer pour prendre l'offensive. Vers la fin du mois d'août il ne reste plus à Alexandrie que 4.000 hommes de la division Hamley, et les corps avancés vers Tel-el-Kébir sont poussés jusqu'en avant de la position de Kassasin, à dix kilomètres de Tel-el-Kébir.

Le 28 août, les Egyptiens prirent l'offensive ; 12.000 hommes marchèrent de Tel-el-Kébir sur Kassasim, tandis que 2.500 hommes détachés de Salhiéh devaient tourner l'aile droite anglaise. Le combat, commencé au point du jour, se tourna d'abord à l'avantage des Egyptiens qui refoulèrent sur le camp ennemi tous les postes avancés. Les Anglais mirent en ligne tout ce qu'ils avaient sous la main, 8.000 hommes environ, et parvinrent à enrayer l'offensive ennemie ; mais leur droite allait être tournée, lorsque la cavalerie se lançant à la charge, arrêta le mouvement de l'ennemi. La bataille se termina par la retraite de part et d'autre, et les Anglais abandonnèrent les positions qu'ils occupaient pour se concentrer sur Kassasim.

Les hommes étaient tous des fellahs, à l'exception de quelques Turcs enrôlés pour renforcer les cadres. Il y eut deux brigades de quatre bataillons chacune ; les livres anglais de théorie furent traduits en arabe et on commença l'éducation des nouvelles troupes qui montrèrent un zèle surprenant.

À ce moment, les forces égyptiennes se répartissaient ainsi :

Huit bataillons d'infanterie .... 4.000 hommes
Un régiment de cavalerie ...... 500 —
Une division d'artillerie .... 590 —
____
en tout .... 5.090 hommes

La moitié des officiers de l'état-major étaient anglais.

La gendarmerie et la police, sous le commandement du général Baker pacha, comptaient à ce moment un nombre d'hommes plus considérable que l'armée :

Gendarmerie à pied .... 3.000 hommes
Gendarmerie à cheval .... 2.000 —
Police, composée partie d'Européens et partie d'Égyptiens .. 2.000 —
____
Total .... 7.000 hommes

En août 1883, l'instruction des troupes fut un moment ralentie par le choléra ; un service médical fut aussitôt organisé, et, par les soins du général Grenfell, tout ce qui put être tenté fut fait pour arrêter les progrès de l'épidémie.

Vers la fin de l'année 1883, l'effectif se déduisait en :

2 brigades d'infanterie à 4 bataillons de 4 compa-

gnies, un régiment de cavalerie à 4 escadrons, 1
escadron de cavaliers à dromadaires, 1 division
d'artillerie de campagne à 4 batteries. Total :
5.900 hommes, officiers compris.

La durée du service militaire fut fixée, en 1885,
de la manière suivante :

Pour l'armée de mer, les ouvriers, la police, la
gendarmerie, les pompiers et les services administratifs, à huit années de service actif et à quatre
années de réserve ;

Pour l'armée de terre, deux années au minimum
ou quatre années au maximum de service sous les
armes, après lesquelles les soldats passaient dans
la police, dans la gendarmerie, dans le corps des
douanes, etc., pour compléter huit années de service ; ils étaient ensuite versés dans la réserve pour
une durée de quatre années, ce qui portait la durée
totale du service à douze années.

*Tableau représentant la composition de l'armée
égyptienne en 1885*

	Officiers et Médecins	Sous-officiers	Trompettes	Ouvriers	Soldats	Chevaux	Dromadaires	Chameaux
1 bataillon de la 1re brigade d'infanterie	23	80	1	.	480	.	.	.
1 bataillon de la 2e brigade d'infanterie	21	80	1	.	480	.	.	.
1 régiment de cavalerie ..	21	104	12	11	384	365	.	.
1 escadron de cavaliers à dromadaires. (N.-B.).....	6	30	2	.	178	.	206	.
1 bat¹ᵉ de campag. de 6 pièc.	6	17	2	2	108	62	.	.
1 — de 4 pièc.	6	12	2	2	69	33	.	.
1 bat¹ᵉ de montag. de 6 pièc.	6	14	2	2	68	20	.	26
1 — de 4 pièc.	5	10	2	2	54	15	.	18

(N. B.) Cés troupes armées comme l'infanterie, mais recevant les
rations de la cavalerie.

L'ensemble de l'armée comptait 5.900 officiers
et soldats, 750 chevaux, 260 dromadaires et chameaux et 20 canons.

L'infanterie et le corps de dromadaires étaient armés de fusils Remington ; les batteries de campagne étaient armées de pièces de huit centimètres en acier rayé (Krupp) ; les batteries de montagne étaient armées de pièces lisses en bronze de quatre centimètres, système La Hitte.

Chaque bataillon de la première brigade d'infanterie comportait un lieutenant-colonel et deux majors ; le régiment de cavalerie un colonel et deux majors ; l'escadron de dromadaires un major ; la batterie de montagne à six pièces deux majors ; chaque bataillon de la deuxième brigade d'infanterie ainsi que chaque batterie de campagne et de montagne de quatre pièces, un major.

L'organisation actuelle fut empruntée au rapport du ghazi Mouktar pacha, haut commissaire ottoman (14 mars 1886).

C'est sur le modèle de l'armée turque que l'armée égyptienne fut établie ; seulement, au lieu d'officiers turcs que proposait Mouktar pacha, le corps des officiers fut composé uniquement d'Égyptiens et d'Anglais, ceux-ci adoptant d'ailleurs l'uniforme et les dénominations de grades en usage dans l'armée turque, pour fusionner davantage avec les troupes indigènes.

En 1888, l'armée égyptienne comptait 471 officiers, 518 employés, 8.642 sous-officiers et soldats. Le nombre des officiers anglais était de 54, dont 15 au Ministère de la Guerre et l'administration en relevant, 7 à l'état-major, à la frontière Sud et à Souakim, 24 dans les diverses armes où ils occupaient des emplois d'état-major et 8 médecins militaires.

A la fin de l'année, l'armée se composait de :

11 bataillons d'infanterie (7 égyptiens, 4 soudanais), 2 escadrons et demi de cavalerie, 2 compagnies montées à dromadaires, 6 batteries ; soit un
total de 257 officiers et 8.174 hommes.

En outre, 214 officiers, 518 employés et 478 sous-
officiers et soldats employés au Ministère de la
Guerre et dans l'état-major. 40 o/o des officiers
étaient employés au Ministère de la Guerre et dans
les états-majors !

Le général Grenfell créa 2 nouveaux bataillons
d'infanterie à 645 hommes, et augmenta les effectifs des 11 bataillons préexistants de 60 hommes,
et 78 hommes pour la cavalerie ; il créa également
une troupe d'infanterie montée forte de 60 hommes
ainsi qu'un troisième corps de 102 hommes montés
à dromadaires. L'effectif de l'armée égyptienne se
trouva ainsi porté à 12.775 hommes.

Vers la fin de l'année 1890, l'armée se trouvait
forte de 12.790 hommes, dont : 507 officiers, 663
employés et 9.620 sous-officiers et soldats ; ces derniers se répartissaient ainsi :

	Officiers	S/officiers et soldats
Ministère de la Guerre, grand état-major	33	136
12 bataillons d'infanterie et une compagnie de discipline	224	7.576
1 régiment de cavalerie à 6 escadrons	25	492
1 corps de dromamadaires à 3 compagnies	12	218
3 batteries de campagne		
3 batteries de forteresse	39	801
1 batterie de dépôt		
Troupes locales à l'intérieur	172	309
Musiques militaires	2	88
Total	507	9.620

Il y avait 750 chevaux de selle et de trait, 230 dromadaires et 240 mulets.

Le nombre des officiers anglais était de 65, dont 39 employés au Ministère de la Guerre et au grand état-major.

L'infanterie comprenait 7 bataillons égyptiens, 4 bataillons soudanais, 1 bataillon de dépôt et une compagnie de discipline.

L'artillerie possédait également une batterie de dépôt ; les batteries de campagne se décomposaient en une à cheval, une à chameau et une à mulet ayant chacune six pièces.

Les officiers égyptiens touchaient une solde de 1.680 schillings ; les sous-officiers instructeurs anglais percevaient 2.890 schillings ; les sous-officiers égyptiens 170 schillings et demi, plus les rations, et les simples soldats 100 schillings ; les femmes soudanaises recevaient 70 schillings. En 1891, furent créés deux nouveaux bataillons, l'un égyptien et l'autre soudanais, et les effectifs des formations existantes furent augmentées pour atteindre douze mille trois cents officiers et soldats, et deux mille femmes soudanaises.

Répartition des troupes.

Huit bataillons égyptiens	6.012
Cinq bataillons soudanais	3.795
Un régiment de cavalerie	773
Un corps de dromadaires	304
Artillerie et une compagnie du train	861

L'école militaire du Caire comptait cent élèves.

En 1890, l'armée égyptienne se répartissait ainsi qu'il suit :

Ministère de la Guerre, grand état-major, administration et troupes locales	207	533	533
13 bataillons d'infanterie..	224	81	9.502
1 régiment de cavalerie (7 escadrons)	25	17	731
2 corps à dromadaires (4 compagnies)	14	8	260
3 batteries de campagne et 4 de forteresse	39	24	798
Officiers anglais	75	—	—
Employés et sous-officiers anglais		659	15
Totaux	584	1.322	11.839

Chevaux de service 750
Dromadaires et chameaux 738
Mulets 240

La plupart des places de l'état-major et des commandements des corps de troupes étaient occupés par des officiers anglais, et ce n'était guère qu'au Ministère de la Guerre et dans l'entourage de S. A. le Khédive que l'on pouvait trouver des officiers supérieurs égyptiens ; par exception, la direction du génie et celle de l'école militaire étaient confiées à deux officiers français.

En 1893, furent créés le huitième escadron de cavalerie et quatre compagnies de train à chameau.

En 1894, l'armée égyptienne se composait de :

8 bataillons d'infanterie égyptienne, 5 bataillons d'infanterie soudanaise, 1 régiment de 8 esca-

drons de cavalerie, 2 divisions égyptiennes et 1 division soudanaise, à 2 compagnies chacune, montées à dromadaires ; 1 batterie à cheval, 1 batterie à mulet et 1 batterie à chameau, à 6 pièces par batterie ; 1 bataillon de 4 compagnies d'artillerie de forteresse avec 132 pièces de gros calibre ; 6 compagnies de train à chameau.

Les corps montés à dromadaires disposaient de 4 mitrailleuses. L'effectif de cette armée s'élevait à 15.853 officiers et soldats.

Enfin en 1912 l'armée égyptienne avait la composition suivante :

Etat de l'armée égyptienne en 1912.

	Officiers Anglais	Officiers Egyptiens	Sf-officiers et soldats	TOTAUX
Etat-major et divers	33	88	597	718
Service vétérinaire....	3	9	86	98
— médical..................	16	63	416	495
— du génie................	7	22	873	902
— des approvisionnements..	5	28	249	282
— des magasins (arsenaux).	3	24	486	513
Infanterie 9 batail. Egyptiens (1)..	15	170	5436	5621
— 7 batail. soudanais (2)..	35	182	5229	5446
— 1 bataillon bédouins...	8	22	944	974
— montée 2 compagnies..	2	8	287	297
Cavalerie { 2 escad. Egyptiens... / 1 escadron soudanais.	2	19	465	486
Artillerie { 1 batterie maxim...... / 4 batteries à mulets.. / 3 batteries de garnison.	7	44	1231	1282
Corps à dromad. { 4 comp^ies arabes. / 1 c^ie soudanaise.	7	26	755	789
TOTAUX.................	143	705	17054 (3)	17902

(1) Les bataillons égyptiens sont à 4 compagnies. 5 de ces bataillons sont commandés par des officiers anglais, 4 par des officiers égyptiens.

(2) Les bataillons soudanais sont à 6 compagnies.

(3) Dont 58 sous-officiers britanniques.

DEUXIÈME PARTIE

L'Armée égyptienne actuelle

a) ORGANISATION GÉNÉRALE DE L'ARMÉE.

1°) **Recrutement.**

Le recrutement de l'armée égyptienne a lieu conformément à la loi du 26 mars 1885 (9 Gamad akher 1302), modifiée par les décrets du 12 juin 1889 (14 Chawal 1306) et du 13 octobre 1889 (28 Saffer 1307).

Les principales dispositions en vigueur sont les suivantes : Tout Égyptien, sujet local, sans distinction d'état et de religion, doit le service militaire personnel.

Les hommes appelés à servir dans l'armée doivent avoir une constitution robuste et être âgés de 19 à 23 ans.

Le tirage au sort décide dans quel corps de l'armée active les recrues doivent être incorporées.

La durée totale du service militaire est fixée à quinze ans, dont six dans les troupes de ligne, cinq dans la police, et cinq dans la réserve.

Si, à l'expiration des première et deuxième périodes de service, il devenait nécessaire de conserver des sous-officiers, soldats ou artisans ayant droit de passer dans la réserve, ils recevront l'augmentation de solde prévue par les règlements.

Si, à l'expiration de la durée de leur service, des sous-officiers, soldats ou artisans demandent à être maintenus au service, et y sont effectivement maintenus, ils recevront également l'augmentation de solde sus-mentionnée.

Si, à l'expiration de la durée du service dans les troupes de ligne, le nombre des hommes devant passer dans la police se trouve supérieur à celui requis par cette dernière administration, l'excédent restera dans les troupes de ligne si le gouvernement a besoin de ses services. Dans ce cas, les hommes qui sont ainsi conservés dans les troupes de ligne après les six premières années de service auront droit à l'augmentation de solde précitée, et leur service ultérieur dans les troupes de ligne sera compté comme service effectif dans la police.

A l'expiration de la durée de son service dans la réserve, le nom du soldat est rayé des registres de la réserve et, il lui est délivré un certificat de libération.

Le fait d'être employé du gouvernement, ne dispense pas les Egyptiens de l'obligation du service.

Des listes de recensement établies chaque année contenant tous les jeunes gens âgés de 19 à 23 ans, sont affichées au district ou au gouvernorat, ainsi que dans les villages. Ces listes servent de base au tirage au sort. Lorsqu'un homme a été omis, il est inscrit sur le tableau de l'année qui suivra la découverte de l'omission.

Le tirage au sort a lieu dans chaque district, suivant les jours fixés par le Ministère de la Guerre.

La commission du tirage au sort est composée :

1° D'un officier supérieur de l'armée, président ;

2° De l'oukil de la moudiriéh ou du gouvernorat (c'est-à-dire, d'un représentant du préfet ou du gouverneur) ;

3° De deux officiers ;

4° Du mamour du toumne (sous-préfet) ;

5° Du cadi du district ;

6° D'un chef religieux dans les districts où il y a des chrétiens parmi les recrues ;

7° De deux omdéhs du district (deux maires) :

8° De deux cheikhs du district.

Les opérations de la commission sont publiques. Les décisions sont prises à la majorité des voix ; en cas de partage, la voix du président est prépondérante.

Cette commission exempte du service les hommes estropiés ; ceux qui ont de moindres infirmités sont examinés par un médecin militaire.

Les décisions de la commission sont définitives. Aucune réclamation à ce sujet ne peut être reçue si ce n'est par le Ministère de la Guerre, et seulement dans le cas où la réclamation serait motivée par une infraction à la loi de la part de la commission.

2° **Olassement du Contingent.**

Le contingent appelé sous les drapeaux se divise en deux catégories, selon les besoins de l'armée :

La première comprend les recrues qui ont tiré les numéros les plus bas, tels qu'ils sont inscrits sur le rôle.

La seconde comprend le reste des recrues qui attendent, dans leurs foyers, l'appel de ceux d'entre eux qui seraient jugés nécessaires pour les besoins de l'armée.

Quand un nouveau tirage a eu lieu, tous les hommes, qui avaient l'âge voulu lors de l'ancien tirage, restent pendant huit ans à la disposition de l'armée active et pendant quatre ans à celle de la réserve ; après quoi ils sont rayés comme leurs camarades qui ont fait le service.

Les hommes désignés pour être incorporés reçoivent une convocation personnelle les invitant à se rendre au chef-lieu de la province où les attendent des officiers, ainsi que des sous-officiers et soldats qui doivent les conduire au Caire.

A leur arrivée au Caire, ils sont répartis dans les différentes armes auxquelles il convient de les destiner.

Les hommes appelés sous les drapeaux qui, officiellement prévenus, ne se présentent pas au jour fixé, sont considérés comme déserteurs et punis conformément aux lois militaires, à moins qu'ils ne justifient du motif plausible qui aurait causé leur retard.

3°) **Dispenses et Exemptions.**

Sont exemptées du service militaire, les personnes que leurs infirmités rendent impropres au service actif ou à tout autre service dans l'armée.

Sont dispensés du service militaire :

Les Ulémas et les professeurs de la mosquée d'El-Azhar, ainsi que ceux de toutes les autres mosquées de villages ou villes d'Égypte, à condition qu'ils aient des certificats du cheikh de la mosquée d'El-Azhar. Les étudiants en théologie, en tant qu'ils se livrent à leurs études. Les imans, orateurs et crieurs (moezinin) des mosquées et chapelles.

Est exempté du service militaire, le personnel attaché au service de S. A. le Khédive.

Les employés des consulats et les janissaires égyptiens sont soumis aux prescriptions du tirage au sort ; mais ils ne sont pas appelés sous les drapeaux tant qu'ils sont au service des consulats.

Sont dispensés du service militaire, tous les ecclésiastiques chrétiens tels que : patriarches, archevêques, évêques, curés et prêtres ; ils doivent posséder un certificat de leur chef religieux. Il en est de même des pasteurs protestants, maîtres-chantres, sacristains et des étudiants en théologie chrétienne, à la condition de présenter un certificat constatant qu'ils se livrent aux études au moment où ils devraient servir.

En temps de paix, sont aussi dispensés du service :

L'aîné d'orphelins de père ;

L'aîné des fils ou, à défaut de fils, le petit-fils unique ou l'aîné des petits-fils d'une veuve ou d'une femme dont le mari a légalement été reconnu absent ; ou encore, d'un père aveugle ou atteint d'une infirmité qui le rend impropre à gagner sa vie, ou âgé de plus de soixante ans.

(Le fils puîné jouit des mêmes avantages si l'aîné est lui-même aveugle ou atteint d'une infirmité qui le rend impropre à gagner sa vie.)

Le plus âgé de deux frères appelés par le même tirage, si le plus jeune est apte au service.

L'homme dont le frère est sous les drapeaux.

L'homme dont le frère est mort au service ou mis à la retraite par suite de blessures reçues dans le service ou d'infirmités contractées dans l'armée de terre ou dans la marine, et qui l'ont mis dans l'impossibilité de gagner sa vie.

L'exemption du service militaire comprend également les élèves des écoles supérieures et ceux que l'Etat, leurs parents ou leurs tuteurs envoient en Europe pour y compléter leurs études.

Les élèves des écoles militaires sont considérés comme présents sous les drapeaux durant le temps qu'ils passent dans ces écoles, sont exceptés les élèves des écoles d'enfants de troupes.

Jusqu'en avril 1895, les habitants des villes du Caire, d'Alexandrie, de Port-Saïd, d'Ismailiah, de Suez et de quelques autres étaient exemptés du service militaire ; aujourd'hui, ils sont soumis aux mêmes règles que tous les Egyptiens.

4°) Remplacement.

Le conscrit désigné par le sort peut se libérer du service en présentant, sous sa propre garantie dans le délai fixé, un remplaçant consentant librement à passer en son lieu et place le temps réglementaire du service.

Le remplaçant doit être apte au service sous tous les rapports, avoir le même âge que le remplacé et n'être pas désigné lui-même par le sort.

Si le remplaçant déserte, le remplacé est tenu de faire personnellement le service, à moins qu'il ne présente un autre remplaçant réunissant les mêmes conditions ci-dessus énoncées.

5°) Rachat.

Le prix de rachat était originairement fixé à cinquante livres égyptiennes.

D'après la loi actuellement en vigueur, le conscrit a toujours le droit de se racheter en tant qu'il n'a pas encore été incorporé ; le prix du rachat fut fixé en 1895 à vingt livres égyptiennes.

6°) Chiffre du Contingent.

Le nombre des conscrits atteint chaque année environ 150.000 hommes, sur lesquels 1.500 à 2.000 seulement sont pris pour être incorporés dans le bataillon de dépôt où ils restent trois mois avant d'être versés dans les corps auxquels on les destine.

7°) Appel des Réserves.

Lorsqu'il y a lieu d'appeler sous les armes des hommes de la réserve, cet appel se fait par ordre d'âge en commençant par les plus jeunes, et jusqu'à concurrence du chiffre voulu.

En cas d'urgence, S. A. le Khédive ordonne l'appel de toute la réserve.

Si après l'expiration de la durée du service dans la réserve, il y avait lieu pour des circonstances importantes de rappeler au service d'anciens réservistes, cette mesure serait ordonnée par une loi spéciale.

b) Le Commandement.

1°) Le Commandement en chef.

Le commandant en chef est le Khédive.

La maison militaire de S. A. le Khédive comprend : un aide de camp en chef général de brigade : Ramzi-Tahir pacha ; un premier aide de camp, général de brigade, Watson pacha ; cinq aides de camp ; un colonel, Mamouk-Sadek bey ; un lieutenant-colonel, Mahmoud-Salembey ; un major, Tenfik-Fahmi-

Effendi et deux adjudants-majors, Mohamed-Sodbhi-Effendi et Mahmoud-Khaïri-Effendi.

L'état-major particulier de S. A. le Khédive se compose d'un colonel chef d'état-major, d'un colonel, d'un major, d'un adjudant-major et de deux capitaines.

La maison militaire de S. A. la Khédivah comprend un général de brigade, un colonel et un major, aides de camp honoraires.

L'écuyer du Khédive est le général de brigade de Thurneyssen pacha.

A côté du Khédive se trouvent le Ministre de la guerre, le sous-secrétaire d'Etat à la guerre, et le commandant en chef effectif ou sirdar.

En dessous du sirdar viennent l'adjudant-général, qui est le commandant en second, et le quartier-maître général.

L'état-major de l'armée égyptienne est, pour la plus grande partie, composé d'officiers anglais, et compte :

Le sirdar, chef de l'état-major de l'armée égyptienne, général de division Sir F. R. Wingate pacha.

L'adjudant-général, général Asser pacha, est secondé par cinq assistants-adjudants-généraux et six adjudants-généraux adjoints.

De l'adjudant général dépendent encore :

Le secrétaire financier (lieutenant-colonel), l'inspecteur des approvisionnements (général de brigade), le médecin en chef de l'armée (colonel), l'inspecteur des arsenaux (colonel), le vétérinaire en chef de l'armée (lieutenant-colonel), le commandant du Senaâr (général de brigade), le commandant de

Wadi-Halfa (major), le commandant de Souakim (lieutenant-colonel), l'inspecteur de Souakim (major), le commandant de Tersina (lieutenant-colonel indigène), le directeur des chemins de fer militaires du Soudan (lieutenant-colonel), le directeur des travaux au Soudan (lieutenant-colonel), le directeur de l'intendance (lieutenant-colonel), le président de la Haute-Cour martiale (colonel), le chef de recrutement (colonel indigène), le président du Conseil de revision du Caire (lieutenant-colonel indigène), le président du Conseil de revision d'Alexandrie (lieutenant-colonel indigène), les présidents des Conseils de revision de chaque province (majors et adjudants-majors), le directeur de l'Ecole militaire (lieutenant-colonel), l'inspecteur général du gouvernement du Soudan (général de brigade), le secrétaire civil du Soudan (général de brigade), le secrétaire financier du Gouvernement du Soudan (colonel), le secrétaire financier adjoint du gouvernement du Soudan (lieutenant-colonel), l'intendant des magasins et arsenaux du gouvernement du Soudan (colonel), le directeur du service topographique du Soudan (colonel), l'inspecteur des prisons (major), et les commandants, adjoints et inspecteurs des provinces soudanaises dont les grades varient de majors à colonels.

2°) **Ministère de la Guerre.**

Le Ministère de la Guerre est dirigé par S. E. Ismaïl pacha Sirry qui est également Ministre des Travaux publics.

Il comprend :

Le Cabinet du Ministre, avec un aide de camp,

un secrétaire, un sous-secrétaire d'Etat, un officier commandant le service des ordonnances ;

Le service financier, avec un secrétaire et un sous-secrétaire financier et un contrôleur ;

Le service des transports ;

Le service médical ;

Le service des travaux ;

Le service des approvisionnements ;

Le service des magasins ;

Le département des ordonnances ;

Le service du recrutement ;

Le service vétérinaire ;

Le bureau de la musique militaire ;

Le bureau des yachts khédiviaux.

3°) **Grades.**

Le commandant en chef est le Khédive avec grade de *mouchir* (maréchal), le *sirdar*, chef de l'état-major, a le grade de *férik* (général de division), et exerce le commandement effectif en temps ordinaire.

Les grades de l'armée égyptienne sont les suivants :

GRADES ÉGYPTIENS	ÉQUIVALENT DANS L'ARMÉE BRITANNIQUE
Ferik	Général de division
Lewa	Général de brigade
Miralai	Colonel
Kaimakam	Lieutenant-colonel
Bimbashi	Major
Saghkolaghasi	Adjudant-major
Yuzbashi	Capitaine
Mulazim Awal	Lieutenant
Mulazim Tani	Sous-lieutenant

GRADES ÉGYPTIENS	ÉQUIVALENT DANS L'ARMÉE BRITANNIQUE
Sol Talim	Adjudant instructeur
Sol Tayin	Adjudant de subsistances
Bashshawish	Sergent-major
Buluk Amin	Fourrier
Shawish	Sergent
Wekil-Shawish	Vice-sergent
Onbashi	Caporal ou brigadier
Wekil-Onbashi	Vice-caporal
Nafar (Anfar)	Simple soldat
Brugi	Bugle
Trombetgi	Tambour
Baltagi	Pionnier

4°) Avancement.

L'avancement pour les sous-officiers a lieu sur la proposition de leur chef de corps, ratifiée par le Ministère de la Guerre.

Les fonctions d'adjudant instructeur, d'adjudant des subsistances et de fourrier de compagnie ne sont accessibles que par examen.

Les sous-officiers proposés pour ces fonctions sont admis à l'examen deux fois par an, le 1ᵉʳ janvier et le 1ᵉʳ juin. La liste des candidats doit être présentée aur bureaux de l'état-major du Ministère de la Guerre un mois avant les dates ci-dessus fixées.

L'examen est passé devant une commission composée d'officiers ; les matières en sont les suivantes :

1° Pour le grade d'adjudant instructeu r:

A. — Ecole de bataillon et maniement d'arme, pour l'infanterie ; manœuvre du canon, maniement de la carabine et du sabre, équitation et manœuvres simples de batterie, pour l'artillerie ; instruction sur la carabine et escrime du sabre, pour la cavalerie ; instruction sur le tir pour toutes armes.

B. — Service d'adjudant.

C. — Service des gardes et sentinelles, des captures et des arrestations. Etablissement des formulaires suivants : listes d'absents, rentrée d'hommes punis, rentrée de déserteurs, rapport de désertion, ordre du jour, rapport du matin sur les malades.

D. — Rédaction d'une lettre officielle sur un sujet donné. Les quatre règles d'arithmétique simple et composée.

2° Pour le grade d'adjudant des subsistances l'examen porte sur :

A. — Service de ce grade.

B. — Connaissance de toutes les prescriptions concernant l'habillement, les rations, le fourrage, etc. ; tenue des livres et registres d'habillement, d'équipement, des vivres, registre matricule des hommes, etc.

C. — Rédaction d'une lettre officielle sur un sujet donné.

D. — Arithmétique, poids et mesures.

3° Les examens pour le grade de fourrier de compagnie portent sur :

A. — Lecture d'un paragraphe d'un livre quelconque ou journal, lecture d'une lettre officielle et en expliquer le sens.

B. — Ecrire une lettre officielle sur un sujet donné. Les quatre règles d'arithmétique.

C. — Préparation d'un état de soldat, pour service ou réquisition de fourrages et vivres.

D. — Etablir un état nominatif de sa compagnie.

Tous ces examens doivent être passés dans une seule journée.

Les officiers sortent de l'Ecole militaire avec le grade de mulazim-tani, soit sous-lieutenant ; le minimum de temps pour être admis à passer l'examen de promotion au grade de lieutenant est de deux ans ; de ce dernier grade à celui de capitaine, le délai minimum est également de deux ans ; et, pour passer de ce grade à celui d'adjudant-major le délai est encore de deux ans. Ce dernier grade ne correspond pas exactement à la même dénomination dans l'armée française. En Egypte, ce grade est absolument distinct de celui de capitaine et a rang d'officier supérieur.

Les examens d'avancement ont lieu deux fois par an, ils commencent le troisième lundi des mois d'avril et d'octobre, et portent sur les matières suivantes : *A* Service de régiment. — *B* Exercices et manœuvres. — *C* Loi militaire. — *D* Correspondances et rapports. — Sujets techniques, pour les officiers des services spéciaux, chacun en ce qui concerne son service.

Les officiers de cavalerie, d'artillerie, du corps de dromadaires et d'infanterie, sont examinés sur les sujets A., B., C. et D.

Les officiers du service médical ne sont examinés que sur le sujet C. L'examen a lieu de vive voix, par écrit et pratique.

Les officiers qui n'obtiennent pas le nombre de points suffisants pour être promus, sont admis à un second examen ; si, à ce second examen ils n'obtiennent pas encore le minimum fixé, ils sont proposés pour être mis en disponibilité et admis à un troisième examen après lequel, s'ils échouent encore, ils sont placés en disponibilité.

Aucun officier n'est promu au grade supérieur sans avoir passé les examens, sauf des cas exceptionnels.

Les officiers qui, pour services exceptionnels, auraient été promus à un grade supérieur sans passer d'examen, ne sont pas tenus de passer cet examen pour le grade auquel ils viennent d'être promus.

c) Les Armes et Services.

1°) Infanterie.

L'infanterie se subdivise en bataillons égyptiens et en bataillons soudanais, dont la composition est sensiblement différente.

L'unité tactique de l'infanterie est le bataillon. Les bataillons sont numérotés de un à seize ; ceux portant les numéros 1 à 8, et 16 sont dénommés égyptiens et recrutés en Égypte, tandis que ceux portant les numéros 9 à 15, appelés soudanais, sont recrutés au Soudan. Il faut encore ajouter 1 bataillon arabe et 1 bataillon équatorial.

La compagnie est commandée par un yuzbashi (capitaine), elle est toujours divisée en deux demi-compagnies sous les ordres d'officiers subalternes ; chaque demi-compagnie se divise en deux sections placées sous les ordres de sous-officiers.

La compagnie est formée en ligne sur deux rangs avec un intervalle de deux pas entre chaque section. Le capitaine se place généralement à six pas en avant du centre de sa compagnie en ligne ou en colonne par quatre, et à deux pas en avant lorsque la compagnie est formée en colonne par sections.

Lorsque la compagnie est formée en ligne, colonne par quatre, ou colonne par demi-compagnie, chaque officier subalterne se place à trois pas en arrière du centre de sa demi-compagnie.

Lorsque la compagnie est formée en colonne par sections, chaque officier subalterne se place à deux pas sur le flanc, et vers le milieu de sa demi-compagnie.

Les chefs de sections sont placés sur un troisième rang, au centre de leurs sections, distant de deux pas du dernier rang de la compagnie en ligne

Le bataillon, commandé par un kaïmakam (lieutenant-colonel), se subdivise en deux demi-bataillons, forts de trois compagnies chacun pour les bataillons soudanais, de deux compagnies chacun pour les bataillons égyptiens.

Le bataillon se forme en ligne en laissant six pas d'intervalle entre les compagnies.

L'officier commandant se place en avant du centre du bataillon.

Les commandants des deux demi-bataillons (majors) se placent à dix pas en arrière du centre de leur double compagnie ou demi-bataillons.

Le sagh (adjudant-major) se place à vingt pas en arrière du centre du bataillon.

Le drapeau du bataillon est porté par un officier, au milieu de l'espace laissé entre les deux demi-bataillons ; la garde du drapeau se compose d'un officier et deux sergents au premier rang, d'un adjudant et deux soldats au second rang.

A l'arrière se placent les sapeurs sur un rang, puis les signaleurs, également sur un rang ; viennent ensuite : le sergent tambour et les tambours sur deux rangs, le sergent de musique et les musiciens sur deux rangs derrière les tambours, chaque rang étant espacé d'un intervalle de deux pas : à cinq pas en arrière de la musique et sur un rang, la section cycliste, derrière laquelle, à cinq pas en arrière des cyclistes se placent les voitures, mules et Maxims, également sur un seul rang.

Le bataillon se forme, pour la marche, en colonne par compagnie et en colonne par quatre.

Dans la formation en colonne de compagnie, les sapeurs, signaleurs, tambours et musiciens se placent sur le flanc du bataillon et à dix mètres d'intervalle à la hauteur du milieu de la colonne, les sapeurs et signaleurs chacun sur deux rangs, les tambours et musiciens chacun sur quatre rangs.

La brigade se compose généralement de deux bataillons (quelquefois davantage), et la division de deux ou plusieurs brigades.

Dans les formations en ligne, l'intervalle entre les bataillons d'une brigade est de trente pas ; entre les brigades il est également de trente pas et de soixante pas entre les divisions.

Les règlements en usage ont été imprimés en 1900, au Ministère de la Guerre même, ils sont rédigés en anglais et en arabe ; cette dernière langue est seule employée, tant pour les commandements que pour les instructions données aux hommes.

Les officiers anglais en service dans l'armée égyptienne doivent passer des examens de langue arabe.

Les règlements d'infanterie comprennent deux forts volumes contenant les matières suivantes :

I. — Définitions générales. Ecole du soldat ou d'escouade. Exercices physiques (d'assouplissement). Ecole de la section en tirailleurs. II. — Ecole de compagnie. III. — École de bataillon. IV. — Formation des brigades et divisions pour les manœuvres. V. — Tactique combinée. VI. — Marches, avant et arrière-gardes. VII. — Avant-postes. VIII. — Opérations de nuit. IX. — Cérémonies et revues. X. — Règlement sur la conduite des manœuvres de campagne.

La longueur du pas de l'infanterie est de trente pouces pour le pas ordinaire, de trente-trois pouces pour le pas double, de vingt et un pouces pour le pas de gymnastique et de treize pouces et demi pour le pas oblique.

Il y a en outre deux règlements concernant le fusil Martini-Henry ; le premier contient la description de l'arme, le maniement d'armes sur un seul rang, le maniement d'armes sur deux rangs et l'escrime à la baïonnette.

Le deuxième contient les prescriptions sur le tir.

Ces deux derniers règlements s'appliquent aussi aux autres corps armés de fusils ou carabines Martini-Henry.

Un autre règlement traite de l'instruction des signaleurs, de l'héliographie et de la cryptographie. Il y a encore une instruction sur le service en campagne et une instruction sur l'escrime au sabre pour les officiers d'infanterie.

Composition du bataillon (6 compagnies). — 1 kaïmakan (lieutenant - colonel) commandant 2 bimbashis (majors) ; 1 saghkolaghasi (adjudant-major) ; 1 officier porte-drapeau (lieutenant) ; 2 sergents d'état-major ; 1 sergent-major instructeur ; 1 sergent de sapeurs : 14 tambours de bataillon ; 1 sergent tambour ; 1 chef de fanfare ; 1 sergent sous-chef de fanfare ; 21 musiciens.

COMPOSITION DE LA COMPAGNIE. — 1 yuzbashi (capitaine) ; 1 mulazim awal (premier lieutenant) ; 1 mulazim tani (second lieutenant) ; 4 sergents ; 2 guides ; 2 signaleurs ; 1 sapeur ; 1 tambour ; 100 à 150 caporaux et soldats.

Les tambours, lorsque les compagnies sont réunies, se joignent à ceux du bataillon, ce qui en porte le nombre à vingt et un.

Chaque bataillon possède pour son service un certain nombre de voitures et fourgons ou de chameaux porteurs.

Les officiers supérieurs sont seuls montés.

2°) **Cavalerie.**

La cavalerie égyptienne ne forme qu'une seule unité sous les ordres d'un lieutenant-colonel ; elle comprend 3 escadrons.

L'escadron se divise généralement en 4 compagnies (pelotons), et celles-ci en trois escouades de 8 cavaliers.

La cavalerie est armée de la carabine Martini-Henry et de la lance de bambou.

Les règlements sur les exercices et manœuvres de la cavalerie consistent en deux volumes comprenant les matières suivantes :

I. — Notions générales et équitation. II. — Ecole du cavalier à pied et à cheval. III. — Ecole d'escadron. IV. — Ecole de régiment.

3°) **Artillerie.**

L'artillerie ne forme qu'un seul corps sous le commandement d'un lieutenant-colonel.

Elle comprend de l'artillerie à cheval, de campagne, de place et à chameau, et se subdivise en diverses batteries et en un bataillon d'artillerie de forteresse.

La batterie est généralement commandée par un major ; elle se compose de six pièces de campagne en acier, système Krupp, et de quatre à six canons Maxim.

Un règlement pour l'artillerie de campagne contient toutes les matières concernant l'instruction à pied et à cheval de la batterie et de la brigade (réunion de plusieurs batteries).

Les batteries à dromadaire sont spécialement désignées pour les pays déserts.

L'artillerie de forteresse est répartie dans les diverses batteries de côtes du Delta et dans quelques forts sur le Haut-Nil.

4°) Corps à dromadaire.

Ce corps n'est autre chose que de l'infanterie montée ; il est placé sous le commandement d'un lieutenant-colonel.

Son utilité est surtout due à la facilité avec laquelle il peut traverser de longs espaces déserts et improductifs, le dromadaire pouvant porter les provisions nécessaires pour lui et son cavalier pendant plusieurs jours.

Son service consiste essentiellement en celui d'éclaireur, de surveillance des lignes de communication, et ce n'est qu'exceptionnellement qu'il attaque l'ennemi, lorsqu'il le rencontre en petits détachements ou petits postes.

Pour le combat, les soldats mettent pied à terre et se conforment aux règles de combat à pied de la cavalerie.

Ce corps est subdivisé en compagnies indépendantes les unes des autres.

En formation de parade, les rangs sont espacés de douze pas (de poitrail à poitrail).

Le chef de compagnie se place sur le front et au centre de sa compagnie, et en avant de l'espace du corps d'un chameau.

Le service et la responsabilité du chef de compagnie sont assimilés à ceux d'un commandant de bataillon.

Deux règlements précisent l'organisation intérieure de ce corps.

5°) **Génie.**

La direction générale du génie, à laquelle sont adjoints les arsenaux dénommés « Department of Engineering and Store », est exercée par un colonel assisté d'un lieutenant-colonel et de deux majors.

Au génie se rattachent :

Le Département des Travaux, sous la direction d'un lieutenant-colonel assisté de deux majors.

Le bataillon des chemins de fer, commandé par un lieutenant-colonel assisté de cinq majors ; le nombre des compagnies de ce bataillon varie de douze à seize, suivant les besoins. Son quartier général est à Atbara.

Ce corps a construit le chemin de fer à voie de un mètre d'écartement qui relie Wadi-Halfa à Khartoum, plus divers embranchements dont quelques-uns sont encore en construction ou en étude.

L'exploitation du réseau, qui a un développement de plus de neuf cents kilomètres, est faite par les troupes du génie.

Le génie a aussi établi, au Soudan, le télégraphe qui relie les chefs-lieux des provinces et les places fortes.

6°) **Train.**

Chaque corps de cavalerie ou d'infanterie possède ses conducteurs pour les voitures qui lui appartiennent.

Il existe en outre un corps de chameliers pour les transports dans le Soudan ; ce corps est placé sous les ordres d'un major faisant fonctions de commandant-chef et compte quatre compagnies, commandées chacune par un major.

7°) **Service sanitaire.**

Le service de santé est assuré, indépendamment des médecins détachés dans les différents corps, par un médecin en chef du grade de miralai (colonel), secondé par quatorze autres médecins dont six ayant grade de kaïmakam (lieutenant-colonel) et huit ayant grade de bimbadhi (majors).

Des hôpitaux militaires existent dans les principales villes de garnison, en particulier au Caire, Alexandrie, Assouan, Wadi-Halfa, Ondurman, Souakim, etc.

Il y a en outre des ambulances, partout où une agglomération de troupes le nécessite.

8°) **Service vétérinaire** (*Gour-el-Bilari*).

Ce service compte un certain nombre d'officiers à la tête desquels sont deux kaïmakams (lieutenants-colonels et un bimbashi (major).

9°) **Justice militaire.**

La justice militaire est exercée par une Haute-Cour martiale siégeant en permanence au Caire, sous la présidence d'un colonel, et par des cours martiales de districts.

Les peines ne sont pas très élevées comparativement au Code militaire français ; les plus fortes consistent en deux années de travaux forcés.

Les compagnies de discipline sont employées à divers travaux, construction de casernes, culture de jardins appartenant aux corps d'officiers, corvées, etc.

Le temps passé dans ces compagnies ne compte que pour moitié pour la durée du service militaire.

Les condamnés militaires portent un uniforme spécial en drap brun clair ou en toile kaki, et sont coiffés d'un béret de couleur grise en remplacement du tarbouche.

Ils sont gardés par des soldats du corps de police militaire portant le même uniforme que l'infanterie, mais ayant la baïonnette remplacée par un sabre-baïonnette à fourreau en métal, comme ceux des gardiens de la paix de la Ville de Paris.

10°) **La Garde khédiviale.**

La garde khédiviale comprend : la musique de la garde, un escadron de cavalerie et deux compagnies d'infanterie.

Le commandant en chef de la garde est un colonel.

La cavalerie et l'infanterie sont commandées chacune par un adjudant-major.

11°) Emplacement des unités de l'armée égyptienne au 1ᵉʳ janvier 1913.

District du Caire ....
(Le Caire)
: 3 bataillons d'infanterie, 1 batterie d'artillerie, 1 compagnie d'artillerie de place, 1 escadron de cavalerie.

District d'Atbara ....
(Atbara)
: 1 détachement d'infanterie, 1 bataillon de montagne.

District de Khartoum ....
(Khartoum)
: 7 bataillons d'infanterie, 1 escadron de cavalerie, 3 compagnies d'infanterie montée, 4 batteries d'artillerie, 2 compagnies d'artillerie de place.

District du Nil-Bleu ....
(Wad-Médani)
: 1 bataillon d'infanterie, 1 compagnie de corps à dromadaire.

District du Kordofan Nord.
(El Obeid)
: 1 détachement d'artillerie, 1 bataillon d'infanterie, 1 corps à dromadaire.

District du Kordofan Sud .
(Talodi)
: 1 bataillon d'infanterie.

District du Haut-Nil ....
(Tanfikia)
: 1 bataillon d'infanterie.

District de Mongalla .... (Mongalla)	1 détachement d'infanterie, le bataillon équatorial.
District de Bahr el Ghazal. (Wan)	1 bataillon d'infanterie.
District de Kassala ...... (Kassala)	$\frac{1}{2}$ bataillon d'infanterie, 1 bataillon arabe, 1 détachement d'artillerie.
District de Red-Sea ...... (Port-Soudan)	$\frac{1}{2}$ bataillon d'infanterie, 1 détachement d'artillerie.

d) SOLDE ET ALIMENTATION.

1°) **Solde.**

La solde est la même pour toutes les armes, et s'élève mensuellement à :   .

30 piastres égyptiennes pour le soldat.
40   —   —   — le caporal.
50   —   —   — le sergent.
60   —   —   — le fourrier.
70   —   —   --- le sergent-major.
150   —   —   — l'adjud. instructeur.
200   —   —   — l'adjudant chargé de
                              l'ordinaire.

La solde des officiers indigènes varie suivant l'ancienneté et dans les grades supérieurs, suivant les emplois ; elle est de :

4 à   5 L. E. pour les sous-lieutenants.
6 »   7 —   —   — lieutenants.

8 » 12 — — — capitaines.
15 » 17 — — — adjudants-majors.
20 » 28 — — — commandants.
30 » 40 — — — lieutenants-colonels.
40 » 50 — — — colonels.
60 » 80 — — — généraux de brigades.
80 » 150 — — — généraux de division.

La livre égyptienne vaut 26 francs.

Le tableau suivant donnera une idée de la variété de la solde annuelle des officiers supérieurs et généraux, non indigènes, revêtus d'emplois importants :

	L. E.
Le sirdar, général de division, anglais, L. E.	2.000
Son aide de camp, commandant anglais ..	570
L'adjudant général, colonel anglais	1.200
Ses deux premiers assistants, généraux de brigade, indigènes, chacun	780
Ses troisième et quatrième assistants, chacun	540
Son cinquième aide de camp	440
Le chef de bureau	300
Le chargé de l'imprimerie (sous-officier anglais)	174
Huit sous-officiers anglais employés aux bureaux de l'adjudant général, chacun	150
Deux adjudants anglais pour le service d'instruction, chacun	780
Le colonel chef du Tribunal militaire, indigène	564
Le chef de l'intelligence departement	840
Le commandant de l'arrondissement du Caire	800
Le commandant de Wadi-Halfa, lieutenant-colonel anglais	800

Le commandant de la province des frontiè-
res, lieutenant-colonel anglais   900
Le commandant de Souakim, lieutenant-
colonel anglais   600
Le secrétaire financier du ministère, lieute-
nant-colonel anglais   840
L'adjoint au secrétaire financier du minis-
tère, commandant anglais   312
Le chef de la comptabilité   360
Le chef de l'enregistrement 36c
Le directeur du génie, colonel, anglais ...   600
Le commandant du génie à Souakim   540
Le directeur du service d'alimentation ...   840
Le directeur du service des munitions, lieu-
tenant-colonel   720
Le directeur de l'intendance à Souakim ..   600
Le directeur de l'intendance à Assouan ..   720
Le médecin général, colonel anglais 1.000
Les deux premiers médecins adjoints   540
Le troisième médecin adjoint   300
Le médecin en chef de l'arrondissement du
Caire   720
Un aide   540
Un aide   360
Le médecin en chef de Wadi-Halfa   720
      —   —   d'Assouan   540
      —   —   de Souakim   540
      —   —   de Tokár   300
Le vétérinaire en chef, lieutenant-colonel
anglais   600
Le vétérinaire en second   440
Le commandant de l'École militaire, lieu-
tenant-colonel anglais   720
Le directeur des études, colonel indigène.   564

2°) **Alimentation.**

La ration alimentaire journalière se compose de 2 pains arabes : 780 grammes, ou galette 620 grammes ; fèves, 62 grammes ; lentilles, 124 grammes ; riz, 62 grammes ; beurre, 20 grammes ; viande. 110 grammes ; sel, 15 grammes ; légumes, 140 grammes ; oignons, 15 grammes ; savon, 15 grammes ; charbon, 140 grammes, ou bois 470 grammes.

L'allocation journalière en argent pour remplacer la nourriture, lorsqu'elle ne peut être fournie, est comptée en moyenne, suivant les lieux et époques.

e) HABILLEMENT.

L'habillement comprend une tenue de drap et deux tenues de toile, dont une de parade.

Officiers. — La coiffure, pour tous les corps et tous les grades, est le tarbouche rouge cramoisi avec gland en soie noire. Cette coiffure diffère du fez turc en ce qu'il est presque aussi large dans le haut que dans le bas, qu'il est plus haut que celui-ci, et est garni intérieurement en paille, ce qui le rend roide.

En campagne, les officiers sont autorisés à porter le casque colonial couleur kaki, sur le devant duquel est appliqué un croissant surmonté d'une étoile en métal doré.

Dans les bataillons soudanais on ajoute, sur le côté du casque, une bande de drap, dont la couleur varie suivant le bataillon, sur laquelle est agrafé le numéro du bataillon en métal doré.

Les officiers d'infanterie portent en hiver et en grande tenue, une tunique courte à deux rangs de boutons descendant en se rapprochant, comme dans les uniformes allemands ; la couleur du drap est bleu clair, avec le collet droit en drap blanc ; les passepoils, qui font tout le tour de la tunique, sont aussi en drap blanc ; sur les manches sont disposés les galons en or désignant le grade de l'officier. Les pattes d'épaule en drap blanc supportant les insignes du grade (étoiles ou couronnes), sont en métal doré.

Le pantalon, qui est le même pour la grande tenue que pour celle de service, est également en drap bleu clair avec, sur les côtés, une bande en drap blanc de six centimètres de largeur.

Pour la tenue de service, les officiers portent une tunique en drap noir à un seul rang de boutons, sans galons sur les manches, avec les insignes du grade, en métal doré, sur les pattes d'épaules.

La capote, en drap bleu foncé, est à deux rangs de boutons ; les insignes des grades existent sur les pattes d'épaules et sur les manches.

Les officiers de cavalerie portent une tunique courte en drap bleu clair, avec collet et plastron en drap blanc ; ce vêtement a la coupe des tuniques des uhlans allemands. Les pattes d'épaules sont en drap blanc et portent les insignes du grade en métal doré. Le pantalon est du même drap bleu clair, orné de doubles bandes blanches de chaque côté.

En tenue de service, ils portent une tunique en drap bleu foncé à un seul rang de boutons avec collet et pattes d'épaules en drap blanc.

L'artillerie revêt en grande tenue, une tunique en drap foncé à deux rangs de boutons descendant en se rapprochant ; le collet est en drap rouge, avec grenades en or. les pattes d'épaules sont surmontées des insignes du grade ; des galons en or sont disposés sur les manches, suivant les grades.

Le pantalon est en drap noir avec doubles bandes en or pour la tenue de gala. La tenue ordinaire consiste dans le port de la tunique en drap noir avec collet rouge agrémenté, de chaque côté, d'une bombe brodée en or ; cette tunique n'a qu'un seul rang de boutons, et les insignes du grade sont seulement portées sur les épaules. Le pantalon est en drap noir avec doubles bandes et passepoils en drap rouge, absolument identique à celui de l'artillerie français.

Les officiers des services administratifs, du service sanitaire et de l'état-major portent la tunique en drap noir à un rang de boutons, avec collet droit et pattes d'épaules également en drap noir ; les insignes du grade sont disposés sur les pattes d'épaules. Le pantalon est en drap noir avec, sur les côtés, une bande de drap rouge large de six centimètres.

Les officiers de musiques portent la tenue d'infanterie ou de cavalerie, avec cette différence que le collet, les passepoils, les pattes d'épaules et les bandes des pantalons sont en drap rouge au lieu d'être en drap blanc.

Les officiers généraux et d'état-major portent, en grande tenue, un dolman en drap noir, croisé sur la poitrine, se fermant par les agrafes en soie noire des brandebourgs ; des tresses en or remplacent les pattes d'épaules et supportent les insignes du grade. Le dos de ce vêtement est agrémenté d'une broderie en soutache noire, et sur les manches des galons en or, disposés en nœud hongrois, indiquent le grade. Le pantalon est le même que celui des officiers des services administratifs, sauf pour la tenue de gala, où les bandes des côtés sont en or.

En petite tenue, les généraux et les officiers de l'état-major portent la tunique en drap noir à un rang de boutons dorés, avec pattes d'épaules en drap noir surmontées des insignes du grade ; les manches sont dépourvues de galons ou avec galons en soutache noire.

Les officiers d'état-major portent, en outre, sur la poitrine, trois cordons en or, passant d'une épaule à l'autre.

Tous les officiers supérieurs, en grande tenue, ont les pattes d'épaules de la tunique remplacés par des tresses en or supportant les insignes du grade.

Le ceinturon, en cuir verni, se porte sous la tunique.

Le sabre est légèrement recourbé avec la garde identique à celle du sabre d'officier français.

Tous les officiers portent, en tenue d'été, une tunique avec pantalon en toile blanche pour la grande tenue, et en kaki pour la tenue de campagne et la petite tenue.

En grande tenue, la tunique des officiers d'infanterie, de cavalerie et d'artillerie est à deux rangs de boutons disposés en se rapprochant vers la ceinture ; les autres corps portent la tunique à un seul rang de boutons. Les insignes du grade sont portés sur les pattes d'épaules.

La tunique en kaki est toujours à un seul rang de boutons avec insignes sur les pattes d'épaules.

Les boutons sont en métal doré, avec un croissant pour toutes les armes, sauf pour l'artillerie où le croissant est remplacé par deux canons en croix surmontés d'un petit croissant.

En grande tenue, les officiers d'état-major portent la sabretache en cuir verni, ornée d'un crois-sant en métal doré, avec bélières en or.

En tenue de campagne, les officiers portent un sabre à lame droite, avec fourreau en cuir fauve, pris dans un ceinturon également en cuir fauve, porté sur la tunique, et auquel est fixé l'étui du revolver.

Insignes des Grades.

Maréchal : une couronne, deux étoiles et une épée croisée avec un bâton.

Férik : une couronne, une étoile et une épée croisée avec un bâton.

Lewa : une étoile et deux sabres croisés.

Miralaï : une couronne et trois étoiles.

Kaïmakam : une couronne et deux étoiles.

Bimbashi : une couronne et une étoile.

Saghkolaghasi : une couronne.

Yuzbashi : trois étoiles.

Mulazim awal : deux étoiles.

Mulazim-tani : une étoile.

Sol-Talim :
Sol-Tayin : 4 chevrons renversés surmontés d'une étoile sur les deux avant-bras.

Bashsawish : 4 chevrons renversés surmontés d'une couronne sur l'avant-bras droit.

Buluk-Amin : 3 chevrons surmontés d'une étoile sur le bras droit, quelquefois sur les deux bras.

Shawish et Wekil-shawish : 3 chevrons sur le bras droit.

Onbashi : deux chevrons sur le bras droit.

Wekil-Onbashi : un chevron sur le bras droit.

Les galons des sous-officiers et caporaux sont en laine de diverses couleurs, suivant les armes, et sont portés sur l'avant-bras droit ; ils ont la forme d'un V. Les fourriers portent une petite étoile de la même couleur que les galons et surmontant ceux-ci.

TROUPE.

La coiffure de la troupe ne diffère de celle des officiers que par sa qualité inférieure.

Infanterie. — Les bataillons soudanais portent, en roulés autour du tarbouche, une coiffe en toile kaki, et sur le côté droit de celle-ci une large bande de drap d'une couleur spéciale pour chaque bataillon et sur laquelle est agrafé son numéro en métal jaune ; un plumet surmonte cette bande de drap.

L'infanterie égyptienne, en tenue d'hiver, porte la tunique en drap bleu clair à un rang de boutons, avec collet. passepoils, parement des manches et pattes d'épaule en drap blanc ; le pantalon, de même drap, est garni de bandes blanches larges de six centimètres ; il s'arrête un peu au-dessous du genou ; des guêtres longues en toile blanche, pour la grande tenue, ou des bandelettes de laine noire enroulées jusqu'au genou pour la petite tenue, terminent le vêtement. La chaussure est le brodequin. Sur les pattes d'épaules est fixé le numéro du bataillon, en métal jaune.

Les tambours portent, sur toutes les coutures, un large galon blanc entre-coupé de couronnes en bleu, et, sur les épaules, une garniture également bleue et blanche.

Les musiciens portent le collet, les pattes .d'épaules, le parement des manches et passepoils de la tunique. ainsi que les bandes du pantalon, en drap rouge au lieu de blanc.

Pour l'été, la grande tenue consiste dans le port de la tunique et du pantalon en toile blanche ; ce dernier est collant et pris dans les guêtres en toile blanche.

La tenue de campagne est en toile kaki, tunique à un rang de boutons, numéro du bataillon sur les pattes d'épaules, pantalon pris dans les bandes en laine noire enroulées autour du mollet.

Les bataillons soudanais revêtent, en outre, une tenue de service ne comportant que la chemise blanche, une large ceinture de laine noire et un pantalon bouffant (à la zouave) en toile blanche, terminé par les bandes de laine enveloppant le mollet. Cette tenue est fort appropriée au climat des régions où ces troupes sont appelées à servir.

L'uniforme de l'infanterie de la garde khédiviale est en drap bleu foncé, du même modèle que celui de l'infanterie de ligne, avec passepoils rouges. Le collet, les pattes d'épaules et parements des manches sont de même couleur que le reste de la tunique .mais garnis de passepoils rouges. Le pantalon en drap bleu foncé est orné d'un simple passepoil rouge. En tenue d'été, l'uniforme est de toile blanche.

Cavalerie.— La cavalerie porte, en tenue d'hiver, la tunique en drap bleu clair, semblable à celle de ses officiers, avec ceinturon en laine jaune bordé de noir passant sur le bas du plastron en drap blanc, un baudrier en cuir blanc porté en écharpe supporte une giberne en cuir noir.

Le pantalon, qui est le même que celui des officiers, est pris dans des bandes de laine noire enveloppant les mollets. En grande tenue, ces bandes sont remplacées par des bottes.

La tenue d'été, en toile blanche, comporte la

tunique de même forme que celle en drap, à deux rangées de boutons se rapprochant à la ceinture, le ceinturon en laine jaune et noire.

La tenue de service est en toile grise ou kaki, tunique à un seul rang de boutons ; ces derniers sont lisses et en forme de grelots.

La musique porte, en hiver, la tunique en drap bleu clair avec les parements, le collet, les pattes d'épaules, les passepoils, le plastron et les bandes du pantalon en drap rouge.

L'uniforme de la cavalerie de la garde khédiviale comporte la tunique du même modèle que celle de la cavalerie de l'armée, mais en drap bleu foncé au collet, plastron, pattes d'épaules et parements de même étoffe. La tunique est garnie de passepoils rouges. Le pantalon est en drap bleu clair à doubles bandes rouges sur les côtés.

Artillerie. — L'artillerie porte une tunique en drap noir, à un seul rang de boutons, avec collet, pattes d'épaules, passepoils et parement des manches en drap rouge. Sur les pattes d'épaules sont fixés, la lettre T, initiale du mot arabe Tobghiéh (artillerie) et le numéro de la batterie, en métal jaune.

Le collet est orné de deux grenades en métal jaune.

Le pantalon, s'arrêtant au-dessus du genou, est identique à celui de l'artillerie française ; des bandes en laine noire complètent cet uniforme. Le ceinturon, qui était en cuir blanc, vient d'être remplacé par un en cuir fauve, se porte sur la tunique. L'artillerie à cheval porte, en outre, en écharpe, un baudrier avec giberne en cuir noir ornée de canons croisés en métal jaune.

La tenue d'été comporte, pour la grande tenue,

la tunique et le pantalon en toile blanche, et pour la tenue de campagne, la tunique et le pantalon en kaki de la même forme que ceux en drap.

Les grenades du collet sont en laine rouge, tant pour la tunique en toile blanche que pour celle en kaki.

L'artillerie à cheval porte, en outre, en service, un pantalon de cheval, en tricot, pris sous bandes sur les côtés.

Tous les corps ont, en outre, la capote ou le manteau en drap gris à un seul rang de boutons.

Troupes sanitaires. — Les troupes sanitaires sont vêtues d'une tunique en drap bleu foncé à un rang de boutons ; le col et le parement des manches et les pattes d'épaules sont de même couleur que la tunique, mais entourées d'un passepoil rouge ; un écusson en drap blanc avec croissant rouge est fixé sur l'avant-bras droit. Le pantalon en drap foncé, orné d'une large bande en drap rouge, est pris, soit dans des guêtres, soit dans des bandes de laine noire.

En été, l'uniforme des troupes sanitaires est identique à celui de l'infanterie, et ne s'en distingue que par l'écusson de la Convention de Genève, porté sur la manche droite de la tunique.

Ecoles. — Les élèves de l'Ecole militaire portent, en grande tenue, la tunique à un rang de boutons en drap bleu foncé, passepoilé de rouge, le col en drap rouge cramoisi avec deux écussons en or ; sur les épaules des tresses rouges et un parement de manche passepoilé de rouge; le pantalon tombant sur le brodequin est en drap bleu foncé orné d'une large bande en drap rouge. En été, la tunique est en toile blanche avec les tresses d'épaule en cordons rouges.

La tenue de service est en toile kaki, identique à celle de l'infanterie.

f) ÉQUIPEMENT ET ARMEMENT.

1°) **Equipement.**

L'équipement de l'infanterie comprend :

Un ceinturon porte-baïonnette en cuir noir avec deux cartouchières mobiles ; un havresac en cuir noir, une musette, un flacon à eau avec courroie en cuir noir. Pour la garde khédiviale, le ceinturon porte-poignard remplace le ceinturon porte-baïonnette. La cavalerie est équipée d'un baudrier en cuir blanc avec cartouchières, ceinturon en cuir blanc, à deux bélières pour le service, et ceinturon en tricot jaune et noir avec deux bélières pour la grande tenue ;une musette et un bidon avec sa courroie en cuir blanc complète l'équipement.

L'artillerie porte le ceinturon en cuir fauve, à deux bélières pour les batteries à cheval, avec porte-sabre pour les batteries de campagne et à pied ; une musette et un bidon avec courroie en cuir fauve. Un baudrier en cuir fauve avec une cartouchière en cuir noir agrémenté de deux canons croisés en métal doré. Les troupes sanitaires portent le ceinturon en cuir noir sans cartouchières.

Les élèves de l'École militaire ont le ceinturon en cuir noir verni avec porte-baïonnette.

Les hommes du corps à dromadaire portent le ceinturon porte-baïonnette en cuir fauve et un baudrier en cuir de même nuance, garni d'étuis à cartouches ; une musette et un bidon terminent l'équipement.

2°) **Armement.**

L'infanterie est armée du fusil Martiny-Henry,

se chargeant par la culasse, auquel s'adapte la baïonnette.

La cavalerie est dotée de la carabine du même système, du sabre recourbé à fourreau en tôle d'acier, de la lance en bambou longue de trois mètres, à l'extrémité de laquelle flotte un guidon aux couleurs verte et rouge.

Un rang est armé de la carabine et l'autre de la lance et du revolver.

L'artillerie de campagne possède des pièces en acier du système Krupp et des canons à tir rapide Maxim. Il y a en outre des obusiers, des pièces de montagne et des grosses pièces pour le service des forts.

Les sous-officiers d'infanterie sont armés du revolver et d'un sabre genre briquet, avec fourreau en cuir fauve.

En général, les sous-officiers de toutes armes sont armés du revolver.

Les soldats de l'artillerie de campagne et à pied sont armés de la carabine Martiny-Henry, d'un sabre-briquet et de la baïonnette.

g) CASERNEMENT.

Les casernes sont généralement vastes et confortablement aménagées. Celles du Caire sont monumentales et réparties ainsi qu'il suit :

1° La caserne de Kasr-el-Nil, occupée par les troupes anglaises d'occupation ;

2° Les casernes de la Citadelle, occupées en partie par les troupes anglaises et par les ateliers et arsenaux de l'armée égyptienne ;

3° Les casernes d'Abdine, sur la grande place, en face du palais des réceptions de S. A. le Khédive ;

elles comportent deux bâtiments distincts, l'un servant à un bataillon d'infanterie égyptienne, et l'autre aux corps de musiques ;

4° Les casernes de l'Abbassieh, comprenant toute une série de grands bâtiments logeant l'infanterie, la cavalerie et l'artillerie égyptiennes, ainsi qu'une partie des forces anglaises d'occupation. Dans la même direction se trouvent le parc à fourrages, l'Ecole militaire, un hôpital militaire, etc.

h) Ecole militaire.

Il n'y a qu'une seule Ecole militaire, située à l'Abbassieh (quartier du Caire) ; le directeur de l'Ecole est un indigène du grade de colonel, et le commandant est un Anglais du grade de lieutenant-colonel.

La durée des cours est de deux années ; le recrutement de jeunes gens de 16 à 18 ans est fait par engagements volontaires. Les matières enseignées sont les mêmes que dans les écoles similaires en Europe.

i) Drapeaux, Décorations.

Chaque bataillon d'infanterie possède un drapeau. La cavalerie, l'artillerie et le corps à dromadaire ont chacun un étendard. Drapeaux et étendards sont en soie verte et garnis de franges d'or. La hampe est surmontée d'un croissant en métal doré.

Les principales décorations sont celles de l'Empire ottoman : le Médjidié et l'Osmanié.

Il y a, en outre, des médailles commémoratives :

1° L'étoile de bronze, décernée aux officiers, sous-officiers et soldats ayant fait la campagne de 1882 ; cette étoile est toujours accompagnée d'une médaille d'argent décernée par la reine d'Angleterre. Le ruban de la première est bleu-lilas, celui de la seconde est blanc, bleu et blanc ;

2° La médaille commémorative de la campagne du Soudan. (Expéditions de 1890, 1896, 1897, 1898, 1899 et 1900). Cette médaille est en argent et porte sur l'une de ses faces le nom de S. A. le Khédive, en forme de chiffre, et de l'autre côté un écusson égyptien entouré d'attributs militaires ; le ruban en est jaune, bleu et jaune.

Des cartouches d'argent portant des noms de batailles sont portées sur les rubans par ceux qui ont assisté à ces batailles ; les principaux cartouches sont : Soudan 1897, Atbara, Khartoum, Fashoda, ·Tok.

Cette médaille est toujours accompagnée d'une autre médaille d'argent décernée par le Gouvernement britannique.

j) CORPS ORGANISÉS MILITAIREMENT

appartenant à diverses administrations ou ministères.

1°) **Ministère de l'Intérieur.**

A la tête des corps militaires autres que l'armée active, il faut placer la police égyptienne, ce corps étant compris dans la deuxième période du service militaire actif, dont la durée est de cinq ans à compter du jour où le soldat passe de l'armée active dans le corps de la police ; c'est en réalité une vraie armée de seconde ligne. Avant d'entrer dans des détails sur son organisation actuelle, nous donnerons un aperçu de ce qu'elle a été depuis sa création jusqu'à ce jour.

La police fut organisée militairement sous le gouvernement de Méhémet-Ali, qui créa les corps de police du Caire et d'Alexandrie, composés d'Egyptiens et d'Européens ; la force de ces corps était, en 1870, de quinze cents hommes.

Sous le gouvernement du khédive Ismaïl furent organisés les corps de Rosette, de Damiette et de Port-Saïd, ce qui portait l'effectif, en 1873, à deux mille hommes, Egyptiens et Européens. Les autres provinces comptaient quinze cents gendarmes à cheval et trois mille gendarmes à pied, tous Egyptiens.

Vers le milieu de l'année 1873, le général anglais Valentin Baker fut chargé de la réorganisation de la police et porta le nombre de ces troupes à deux mille gendarmes à cheval et trois mille gendarmes à pied.

Les étrangers qui concouraient à la formation de ces corps étaient généralement de nationalité italienne, suisse, autrichienne, grecque et maltaise.

Après les événements de 1882, le Gouvernement égyptien chargea le comte della Sala pacha d'organiser un corps de police exclusivement composé d'Européens, spécialement destiné à maintenir l'ordre à Alexandrie.

Ce corps, comprenant des hommes de nationalité italienne, suisse et autrichienne, constitua la garde européenne, casernée à Ras-el-Tin ; elle était formée, primitivement, en six compagnies de l'effectif suivant : un capitaine, un lieutenant, un sous-lieutenant, deux brigadiers, six à huit sous-brigadiers, un fourrier et cent hommes.

A la tête de la garde européenne se trouvaient : le général comte Della Sala pacha et le colonel Moenkeln bey.

La première et la deuxième compagnies se composaient d'Italiens, la troisième et la quatrième de Suisses, les cinquième et sixième d'Autrichiens.

Dans le mois de novembre de la même année, l'effectif de la garde ayant considérablement augmenté, il fut créé de nouvelles compagnies ; la garde européenne fut alors dédoublée en deux corps distincts : la garde européenne composée d'Autrichiens et d'Italiens, et la garde suisse forte de quatre compagnies. Ces deux corps furent licenciés quelques mois plus tard.

En 1890, la police fut organisée en quatre brigades et quelques petits détachements séparés désignés sous le nom de commandements (Port-Saïd, Ismaïlia et Suez). Son effectif était de 150 officiers et de 5.600 hommes.

L'effectif des brigades était proportionné aux territoires qu'elles occupaient et se décomposaient ainsi :

Brigade de la Haute-Égypte	25	1.227
Brigade d'Alexandrie	19	653
Brigade de la Basse-Égypte	52	1.910
Brigade de la Haute-Égypte	39	1.391
Commandements du Canal de Suez ..	15	419
Au Total	150	5.600

Les soldats comptaient une petite partie d'Européens et pour la plus grande partie d'hommes appartenant à la réserve de l'armée active.

Dans les brigades du Caire et d'Alexandrie, ainsi que dans les commandements du Canal de Suez, il se trouvait un assez grand nombre de soldats européens, tandis que dans les brigades de la Haute et de la Basse-Égypte il n'y avait que des Égyptiens.

Parmi les officiers de police on comptait beaucoup d'Européens.

En 1892, la police comptait 130 officiers, 240 employés et 5.000 hommes, soit un peu moins qu'en 1890.

En 1893, l'effectif fut porté à 6.800 hommes, dont 218 officiers.

La solde annuelle des soldats de police était, en 1893, de L. E. 31.600.

Outre la police militaire, il existe des gardes ruraux au nombre de 124.757, appartenant à la réserve de l'armée ; ils n'ont pas d'uniforme, mais reçoivent un fusil et une giberne avec ceinturon. Dernièrement, ceux du Caire et d'Alexandrie ont reçu une capote militaire.

Dans les villes, ils font le service de police de nuit. Ces hommes doivent se présenter à des inspections d'armes faites dans les postes de la police, et ils sont exercés de temps à autre au maniement d'arme et à l'école du soldat ; ces exercices sont dirigés par des sous-officiers de la police, sous la surveillance d'un officier.

Actuellement, la police comprend des troupes d'infanterie et de cavalerie.

Les chefs-lieux de provinces sont pourvus d'un certain nombre de pièces d'artillerie de campagne système Krupp, à la manœuvre desquelles on affecte les soldats de police sortant de l'arme de l'artillerie. Ces pièces servent ordinairement à tirer des salves les jours de fête ou autres solennités.

La police se subdivise en : police des villes (Caire, Alexandrie et canal de Suez), police des provinces, police des ports et brigade des chemins de fer.

Le service de la police tient de celui de la gendarmerie et de la police urbaine ; dans les villes ne possédant pas de pompiers, elle est munie de pompes et d'appareils de sauvetage.

Le recrutement se fait par le passage des hommes ayant terminé la durée du service dans l'armée active, par engagements volontaires et par réengagements.

Dans les corps de police des villes il est admis des engagements d'Européens ; ce sont, pour la plupart, des Italiens et des Autrichiens. La solde de ces soldats européens est beaucoup plus élevée que celle des indigènes de même grade, et ils peuvent arriver à tous les grades.

Il a été créé, dernièrement, une école pour officiers de police ; cette école, outre l'instruction militaire, donne encore à ses élèves une instruction technique spéciale ainsi que des cours de droit. Le recrutement de cette école se fait par engagements volontaires.

Il y a, dans toute l'Egypte, onze inspecteurs, dont le grade varie de lieutenant-colonel à colonel.

A. — *Police des villes.*

Ville du Caire : Un colonel, commandant ; un major, sous-commandant ; deux majors et deux adjudants-majors, inspecteurs.

La police à cheval est commandée par un adjudant-major.

Le Caire est subdivisé en douze arrondissements de police, chacun sous les ordres d'un capitaine.

Ville d'Alexandrie : Un colonel, cammandant ; un major, sous-commandant ; un lieutenant-colonel, chef inspecteur ; deux capitaines, inspecteurs ; un capitaine, chef des brigades civiles.

La ville est divisée en huit arrondissements, chacun sous les ordres d'un capitaine.

Un capitaine commande la compagnie de garde.
Un capitaine commande la police à cheval.
Canal de Suez : Un major, commandant.
Ville de Port-Saïd : Trois capitaines, dont un pour
le quartier européen, un pour le quartier arabe et
un pour la police du port.
Ville d'Ismaïlia : Un capitaine.
Ville de Suez : Un capitaine et un lieutenant.

B. — *Police des provinces.*

Elle comprend les corps de chacune des quatorze
provinces, plus les gouvernorats de Damiette et de
El-Arish.

La police de chaque province possède deux capitaines, l'un chef de la police de la ville, l'autre
chef de la police de l'arrondissement. Il y a dans
chaque province un certain nombre d'arrondissements (merkez) placés chacun sous les ordres d'un
capitaine.

Brigade des chemins de fer.

Cette brigade, dont la portion principale est au
Caire, est placée sous le commandement d'un capitaine et fournit dans chaque gare un peu impor-
tante des détachements de police dont la force varie
avec l'importance de la gare.

Uniforme.

L'uniforme de la police des villes est composé
d'une tunique à collet droit et pattes d'épaules en
drap noir, à un seul rang de boutons ; sur les de-
vants du collet sont agrafés de chaque côté une
plaque avec numéro de l'agent. Cette plaque est en
laiton et les numéros en noir ; les boutons sont en

métal jaune avec croissant et étoile. L'infanterie porte le pantalon en drap noir tombant sur le brodequin, et la cavalerie la culotte en tricot gris et les bottes.

La tenue d'été est en toile blanche.

La coiffure est la même que celle de l'armée.

L'uniforme de la police des ports consiste dans le port de la vareuse de marin avec col en drap noir brodé de trois raies rouges, cravate noire et tricot noir portant sur la poitrine l'inscription en grandes lettres rouges « *Port Police* » ; cet uniforme est complété par le pantalon de marin en drap noir.

La tenue d'été comporte le même vêtement en toile blanche avec le tricot noir.

L'uniforme de la police des chemins de fer est le même que celui de l'infanterie de police des villes dans lequel les plaques ornant le collet de chaque côté sont remplacées par une locomotive en métal doré.

L'uniforme de la police des provinces est le même que celui de la police des villes, sauf en ce que le pantalon s'arrête au-dessous du genou et se termine par des bandelettes de laine noire enroulées autour des mollets. La tenue d'été est en toile kaki ou grise avec pantalon pris dans des bandelettes de laine noire, aussi bien pour la cavalerie que pour l'infanterie.

En hiver, tous ces corps sont munis d'une capote en drap gris fer à un seul rang de boutons.

L'uniforme des officiers est le même pour la police des villes comme pour la police des provinces ; il comprend une grande tenue et une tenue de service.

La grande tenue (de gala), comporte pour les officiers supérieurs : le dolman en drap noir, sans boutons, s'agrafant par les larges rubans noirs qui tiennent lieu de brandebourgs, avec pantalon de même drap à doubles bandes en or ; les tresses du dolman sont en or, ainsi que les galons en nœud hongrois, sur les manches.

La grande tenue ordinaire comporte le même dolman avec tresses en laine noire, pantalon en drap noir à doubles bandes rouges. (Ce dernier vêtement ne diffère du pantalon de l'artillerie qu'en ce qu'il n'y a pas de passepoils rouges entre les doubles bandes). Pour les officiers subalternes, le dolman est remplacé par la tunique en drap noir à deux rangs de boutons, avec pattes d'épaules bordées d'un galon en or et portant les insignes du grade ; les galons des manches sont en or.

La tenue de service comprend une tunique en drap noir à un seul rang de boutons du même modèle que celle de l'armée ; le pantalon est le même que celui de la grande tenue ordinaire.

La tenue d'été se compose, pour la grande tenue, de la tunique avec pantalon en toile blanche, et de la tunique avec pantalon en kaki pour la tenue de service.

La capote en drap noir est à deux rangs de boutons en métal doré à large col rabattu, avec pattes d'épaules bordées en or avec insigne du grade ; les galons des manches sont en or.

Armement.

Toute la police à pied est armée du fusil avec sabre-baïonnette à fourreau d'acier poli ; la police à cheval, de la carabine et du sabre de cavalerie ; la police des ports, de la carabine et du sabre-baïonnette.

Les ceinturons sont en cuir fauve et se portent

sur la tunique pour la troupe et les sous-officiers. Les officiers sont armés du revolver et du sabre d'officier avec ceinturon en cuir noir se portant sous la tunique.

Les insignes des grades sont les mêmes que dans l'armée.

La plupart des soldats de police sont mariés et ne dorment dans les corps de garde que par tour de rôle.

Pompiers du Caire.

Le corps des pompiers du Caire est organisé militairement et se recrute de la même manière que la police. Il est placé sous le commandement d'un major et d'un certain nombre d'officiers ; il est muni de pompes à vapeur, de pompes à bras, d'échelles et autres appareils de sauvetage.

La caserne centrale actuelle sera prochainement remplacée par une caserne monumentale actuellement en construction.

Divers postes sont répartis dans la ville et aux environs.

L'uniforme de la troupe est en drap noir, tunique à deux rangs parallèles de boutons en métal jaune, plaques d'épaules en métal jaune, pantalon en drap noir. La tenue d'été est en toile kaki.

En tenue de feu, le tarbouche est remplacé par un casque en métal doré, du modèle de celui des pompiers de Paris.

Les officiers portent la même tenue que ceux de la police ; elle n'en diffère que par les pattes d'épaules qui sont remplacées par une large plaque en maillons d'acier avec insigne de grade en métal doré.

En tenue de feu. les officiers portent le casque de métal.

La troupe porte le ceinturon en cuir noir ciré avec porte-hachette et cordeau.

Les officiers portent le sabre comme ceux de la police.

2°) **Ministère des Finances.**

Un corps militaire assez important, relevant du Ministère des Finances. est celui des gardes-côtes ou chasseurs-douaniers.

La direction de ce corps est confiée à un colonel avec un lieutenant-colonel comme adjoint.

La direction générale comprend en outre : Un contrôleur de la comptabilité, un conseiller légal, un contrôleur de marine (lieutenant-colonel), un directeur des services du Canal de Suez et de la Mer Rouge (major). un directeur des magasins (major), trois inspecteurs d'état-major (majors), dont un pour le service de marine, et un inspecteur d'état-major (adjudant-major) pour les octrois.

Le corps des gardes-côtes se compose de soldats d'infanterie, de cavalerie, d'infanterie montée à dromadaire, de marins et de bicyclistes.

Tous les soldats des gardes-côtes, les marins exceptés, portent le même uniforme qui consiste en une tunique en drap bleu foncé à un rang de boutons, avec passepoils rouges autour du collet, sur le devant de la tunique et sur le parement des manches, en forme de chevron ; le pantalon est en drap bleu foncé avec passepoil rouge pour les hommes à pied, et en tricot gris-jaunâtre pour ceux montés (dromadaire, cavalerie et bicyclistes). Tous les soldats sont pourvus de jambières en cuir fauve.

Les marins portent l'uniforme de marine avec collet rabattu, en toile bleue claire, garni de trois galons blancs.

L'uniforme des officiers est en drap noir, et est composé d'une tunique pareille à celle de l'armée, à un seul rang de boutons, et d'un pantalon entièrement noir ; les insignes des grades se trouvent sur les pattes d'épaules.

Les officiers portent, passé en bandoulière, un baudrier avec giberne en cuir fauve ; sur la giberne est un croissant en métal doré.

Les officiers du service de marine portent la même tenue, mais avec de larges galons d'or sur le bas des manches et en nombre proportionné au grade. Ces galons sont disposés comme ceux des officiers de marine militaire.

La tenue d'été est uniformément en kaki, sauf pour la marine qui est vêtue en toile blanche.

L'armement consiste en un fusil avec sabre-baïonnette du même modèle que celui de la police ; les soldats montés sont armés de la carabine et du sabre de cavalerie et les marins de la carabine et du sabre-baïonnette.

Le ceinturon, en cuir fauve, se porte sur la tunique ; les soldats montés portent en bandoulière un baudrier garni de cartouches.

Les sous-officiers sont armés du revolver, qu'ils portent attaché au ceinturon ; un cordon en laine jaune-orangé passe par la boucle du revolver et fait le tour du collet.

Solde.

La solde mensuelle des troupes de terre est de :

Soldat nouvellement incorporé .. P. E.   125
Soldat   175

Brigadier 200
Sergent 250
Sergent-major 3oo
Adjudant .... 4oo à 5oo

La solde des marins est la suivante :

Matelot nouvellement incorporé .. P. E. 15o
Matelot 175
Matelot de 1re classe 200
Deuxième maître 225
Premier maître 3oo
Quartier-maître 375
Aspirant (adjudant) .... 4oo à 5oo
Chauffeur de 2e classe 200
Chauffeur de 1re classe 225
Second maître chauffeur 275
Premier maître chauffeur 35o

Un vapeur, le *Dib-el-Bahr*, est spécialement destiné aux élèves et novices qui se proposent de devenir officiers de marine.

La solde mensuelle des novices est de P. E. 1oo ; celle des élèves est de P. E. 25o ; ils reçoivent en outre la nourriture à bord ; elle se compose pour les novices de :

Pain .... 25o drahem
Beurre .... 6 —
Lentilles .... 35 —
Viande .... 35 —
Riz .... 20 —
Fèves (de novembre à avril, en remplacement des lentilles) .... 20 —
Légumes verts .... 45 —

Sel	5	—
Oignons	5	—
Savon	5	—
Charbon	45	—

Les élèves touchent :

Pain	250 drahem (1)	
Beurre	7	—
Café moulu	3	—
Farine	8	—
Lentilles	15	—
Viande	75	—
Riz	35	—
Sucre	6	—
Légumes verts	75	—
Sel	5	—
Lait	5	—
Huile à salade	4	—
Savon	6	—
Charbon	75	—

Les soldats sont logés dans des casernes à un seul étage comprenant deux pièces par homme marié ; chaque ménage est séparé, les portes de chaque logement s'ouvrant ou sur la rue ou sur une cour intérieure. La plupart des soldats sont mariés.

Les officiers ont leurs appartements dans une construction à part ; ils se composent, pour les officiers subalternes, de deux grandes pièces, une cuisine et une pièce indépendante pouvant servir de bureau.

Les écuries pour chevaux ou dromadaires sont établies à une certaine distance des casernes.

(1) Mesure de poids équivalant à 3 grammes 12.

La ration journalière des chevaux est de :

1 rotoli de fourrage vert, soit .... Kilogr.   o,45o
1   —   de fèves o,45o
1   —   d'orge 4,o5o
9   —   d'orge 4,o5o
6   —   de paille   2,700

Celle des dromadaires est de :

3 rotolis de fèves, soit .... Kilogr.   1,35o
7   —   de maïs 3,15o
8   —   de paille 3,6oo

Les marins sont spécialement chargés de la surveillance des côtes pour empêcher la contrebande ;
leur service s'étend sur la côte méditerranéenne,
depuis la frontière de la Tripolitaine jusqu'à celle
de la Turquie d'Asie, et de Suez à la frontière
d'Abyssinie dans la mer Rouge.

Les troupes de terre sont chargées du même service dans les ports, sur les rives ; dans l'intérieur,
ils empêchent l'exploitation des salines naturelles (le
sel est un monopole de l'Etat), la fabrication et la
vente frauduleuse de la poudre et du salpêtre, le
commerce du haschich, etc...

L'effectif des gardes-côtes s'élève à 16o officiers
et 1.700 sous-officiers et soldats.

Table des Matières

Imp.-Lib. Militaire Universelle L. Fournier, 251, Boul. St-Germain, Paris.

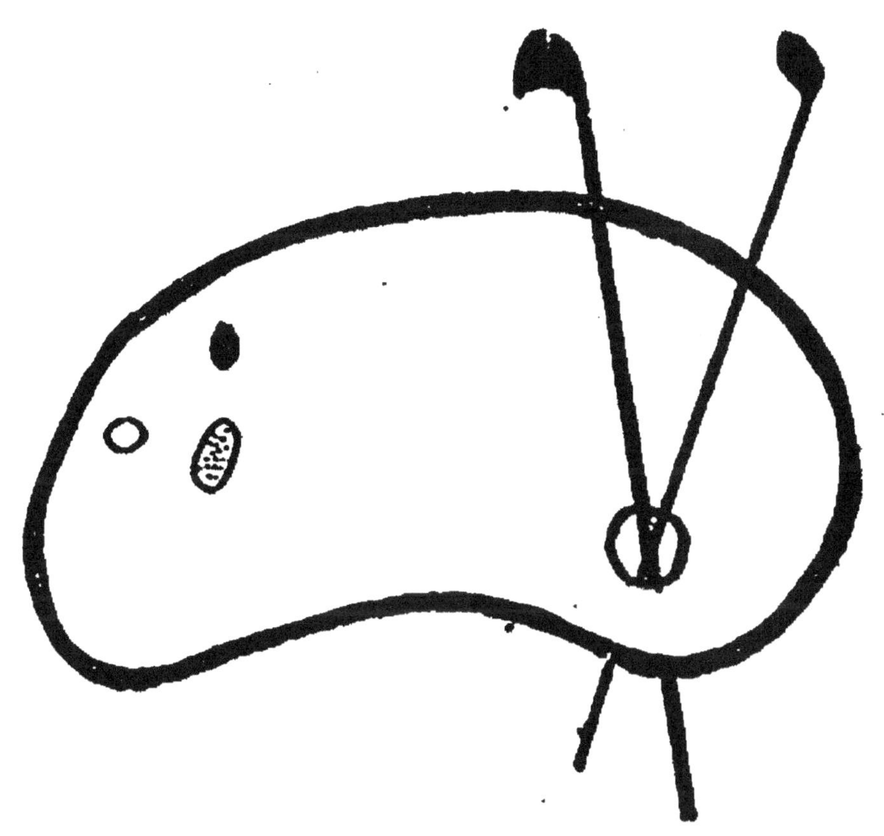